인지행동치료를 활용한

불면증 극복하기

Kirstie Anderson 저

김 환 · 최혜라 · 한수미 공역

How to Beat Insomnia and Sleep Problems One Step at A Time

학지사

How To Beat Insomnia and Sleep Problems One Step at A Time:
Using Evidence-Based Low-Intensity CBT
by Kirstie Anderson

이 논문 또는 저서는 2019년 대한민국 교육부와 한국연구재단의
지원을 받아 수행된 연구임 (NRF-2019S1A5A2A03054103)

역자 서문

불면증의 양상은 다양합니다. 아무리 애써도 쉽게 잠들지 못하거나 잠에서 깨면 다시 잠을 이루지 못하기도 합니다. 어떤 사람들은 졸려서 자리에 누우면, 그 순간 마치 스위치를 켠 듯 정신이 말똥말똥해진다고 합니다.

다양한 양상의 불면증은 삶의 질에 영향을 미치는 중요한 주제입니다. 인구의 약 10%가 겪고 있는 불면증은 다른 정신장애와의 공존질환을 유발할 뿐 아니라, 정서 및 일상 기능 등에도 손상을 초래한다고 합니다. 기준에 따라 다르지만 좀 더 많은 수의 사람이 불면증으로 불편을 겪는다는 통계도 있습니다. 2001년 미국 국립수면재단(National Sleep Foundation: NSF)의 여론조사에 따르면 절반 이상(51%)의 미국 성인이 적어도 하나 이상의 불면 관련 증상을 경험한다고 하였고, 서울에 거주하는 일반 성인을 대상으로 조사한 연구 결과에 의하면 불면 증상을 호소하는 사람이 전체 대상의 31%나 된다고 합니다.

이처럼 불면증은 매우 일반적이며, 이와 관련하여 양질의 효과적인 치료가 필요합니다. 근거 기반치료의 흐름에서 인지행동치료(Cognitive Behavioral Therapy: CBT)는 불면증에 대해 수면제 사용 등의 약물치료보다 선호되고 효과도 우수합니다.

그러나 불행하게도, 전문인력이 희소하기에 불면증에 대한 면대면-인지행동치료(face-to-face CBT)는 받기 어렵습니다. 따라서 인터넷으로 관련 정보를 제공하여 자가치료(self-help)를 할 수 있도록 돕거나 또는 인터넷 기반 인지행동치료를 제공하는 것이 해결책이 될 수 있을 것입니다. 현대인은 인터넷을 친숙하게 여기고 쉽게 활용할 수 있으므로, 만일 인터넷으로 불면증 인지행동치료를 제공할 수 있다면 불면증으로 고통받는 수많은 잠재적 내담자가 혜택을 볼 수 있을 것입니다.

슬립스테이션(sleepstation.org.uk: 불면증 인지행동치료 온라인 프로그램)의 공동설립자인 Kirstie Anderson의 책『How to Beat Insomnia and Sleep Problems One Step at A Time: Using Evidence-Based Low-Intensity CBT』는 우리가 찾은 인터넷 기반 인지행동치료 자료인데, 쉽게 읽히고 내용도 알찹니다. 이 책은 불면증의 원인이 부정적인 생각과 행동에 있음을 명확히 하고, 부정적인 생각과 행동을 교정할 수 있는 원리와 여러 방법을 소개하고 있습니다. 독자들은 이 책을 통해 수면일지 작성, 수면위생, 자극통제, 수면제한, 인지통제기법 등 인지행동치료의 핵심 요소들을 배우게 될 것입니다. 또한 6주간의 인지행동치료 프로그램을 스스로 시도하고 실생활에 적용해 볼 수 있을 것입니다.

최근 우리 연구진은 비대면으로 진행되는 온라인 상담 및 심리치료 분야에 관심을 가지고 다양한 작업을 하고 있습니다. 인터넷 기반 인지행동치료와 관련된 자료들을 번역하거나 제작하는 작업, 한국연구재단의 지원을 받아 불면증 인지행동치료를 실시하고 효과를 검증하는 작업, 전 국민을 대상으로 한 전문심리상담을 무료

로 제공할 수 있는 전화상담 시스템 구축 작업 등이 그것입니다. 이
작업들의 궁극적인 목적은 심리상담과 치료가 필요하지만 시간,
공간, 비용적인 제약으로 인해 양질의 효과적인 심리치료를 받지
못하는 사람들에게 더 많은 기회를 주는 것입니다. 이 책을 읽는 독
자들도 불면증에서 벗어나 보다 행복한 삶을 누리는 기회를 얻길
바랍니다. 우리가 얻은 기회들을 다른 사람에게 전달하는 선순환
이 이루어지면 좋겠습니다.

끝으로, 좋은 책을 번역하고 펴낼 기회를 주신 학지사 김진환 사
장님 그리고 이 책이 나오기까지 수고를 아끼지 않은 학지사 선생
님들께 감사드립니다. 서울사이버대학교의 사회적 책임을 다하기
위해 온라인 무료 전화상담 서비스인 'SCU 마음치유콜'을 운영할
수 있게 영감을 주시고 지원해 주시는 신일학원 이세웅 명예이사
장님께도 감사드립니다.

2021년 12월
미아동 서울사이버대학교 캠퍼스에서
역자 일동

차례

제1부

시작하기

반갑습니다

잠을 푹 자지 못해서 고생하셨군요. 많이 힘드셨을 것입니다. 이제 이 책을 읽기 시작했으니 정말 다행입니다. 이 책이 꼭 도움이 되기를 바랍니다. 불면으로 고생하는 분들이 이 책을 통해 수면에 대해 더 이해하고 숙면을 취했으면 합니다. 많은 이가 때로는 몇 년씩 잠을 설치기도 합니다. 이로 인해 다음 날 기분이나 일의 수행 능력에 영향을 받게 됩니다. 이제 저는 당신이 밤에 잘 자고 낮에 좋은 컨디션으로 지내기 위해 사용할 수 있는 기법들을 담은 도구 상자를 선물해 드리려고 합니다. 이 책 안에 도움이 될 만한 정보를 최대한 담으려 노력했습니다.

이제 알려 드리려는 기법은 인지행동치료(Cognitive Behavioral Therapy: CBT)에 기초한 것이며 특히 불면증에 특화된 내용입니다. 인지행동치료에 대해 들어 본 적이 있을 것입니다. 이것은 심리학적인 치료이고 '대화치료'라 불리기도 하며 불안이나 우울 같은 문제를 치료하는 데도 자주 사용됩니다. 물론 당신에게 가장 중요한 문제는 수면이라는 것을 압니다. 따라서 우리는 밤과 침실에 주로 초점을 맞추려 합니다.

이 책은 수면이 무엇이며, 어떻게 작동하는 지 등 두 부분으로 나누어 수면에 대해 설명합니다. 그런 다음 당신의 수면을 이해하도록 돕고 불면증 개선 6주 계획을 제공합니다. 저는 또한 그 기법을 직접 사용해 본 사람들은 누구이며, 그들에게 무엇이 효과가 있었는지, 어떤 부분이 다른 부분보다 어려웠는지, 그리고 시간이 지남에 따라 상황이 나아지면서 그들이 어떻게 느꼈는지 등을 소개하고자 합니다. 이 책을 통해 우선 자신의 수면을 측정한 후 이를 개선하기 위한 기법을 적용하여 매주 이러한 단계를 수행하도록 도와드릴 것입니다. 또한 책의 끝부분에는 제 환자들 중 많은 사람에게 도움이 되었던 것으로 밝혀진 여러 가지 추가 정보와 자료가 있습니다.

치료진 소개

우선 제가 누구이고 어떻게 이 책을 쓰게 되었는지 소개하도록 하겠습니다. 저는 뉴캐슬 수면서비스센터(Newcastle Regional Sleep Service)에서 전문의로 일하고 있으며, 뉴캐슬 대학교[1]에서 명예 부교수로 강의를 담당하고 있습니다. 모든 종류의 수면장애로 힘들어하는 사람들을 만나고 또 치료하고 있기에 '침대맡 이야기'를 들어 주는 것이 제 생업이라고 할 수 있습니다.

저는 대략 15년 전에 처음으로 불면증 인지행동치료(CBTi)를 접

---

1) 역자 주: 영국 뉴캐슬어폰타인의 공립 종합대학교. 1834년 뉴캐슬 의대에서 출발했고, 영국 북동부 최대 규모의 명문대학교로 평가받는다.

하였고 불면 문제로 치료받으러 온 환자들에게 이 기법을 사용하기 시작했습니다. 치료는 아주 효과적이어서 몇 년 동안 불면에 시달린 사람들에게도 도움이 될 정도였기 때문에, 더 많은 이에게 불면증 인지행동치료에 대해 알리고 싶었습니다. 지금은 국내 최대 수면서비스센터 중 한 군데에서 동료들과 협업하고 있습니다. 우리 모두 환자들이 숙면을 취할 수 있도록 최선을 다해 노력하고자 합니다. 우리는 불면이 있는 사람들을 만나 치료하고 있으며, 그 외 분야의 보건 전문가들을 대상으로 수면과 불면에 대해 교육하는 수련 과정도 매년 개최하고 있습니다. 영국 국민건강서비스(National Health Service)를 통해 이용 가능한 온라인 치료 프로그램을 창안한 바 있으며, 영국에서 활용되고 있는 대화 방식의 심리치료 교육 수련 자료의 최신판을 개발하기도 했습니다.

저는 주로 수면장애가 정신건강 문제에 어떤 영향을 미치는지에 대해서 연구하고 있습니다. 질 좋은 수면이 정상 기억과 기분에 큰 영향을 준다는 점을 알고 있기에, 정신건강 문제를 호소하는 사람들의 수면 문제를 이해하고 개선하고자 정신건강의학자들과 밀접히 교류하며 연구하는 중이기도 합니다. 요즘 제 개인적인 관심사로는 진흙길 크로스컨트리 달리기와 주말이면 침대에서 꾸물거리면서 일어나지 않는 10대 자녀들에게 적응하는 것을 들 수 있습니다.

불면증 인지행동치료란 무엇인가

이 책에 소개되는 기법들은 말 그대로 수천 명에 이르는 심각한 불면증 환자들을 수년간 면밀하게 연구한 내용에 기초한 것들입니다. 이 치료에 대해 말씀드리자면, 국가 차원에서 임상적으로 입증된 효과적인 치료이자 이용 가능한 최선의 치료에 대해 지침을 제공하는, 영국 국립보건임상연구원(National Institute for Health and Care Excellence: NICE)의 추천을 받은 치료이기도 합니다. 불면증 인지행동치료(CBTi)[2] 기법은 수면제 등의 여타 치료법과 비교해서 비슷하거나 더 우수한 효과(수면제의 경우 해당)를 보여 줍니다. 문제는 아직까지는 불면증 인지행동치료의 인지도가 그다지 높지 않다는 것이며, 당신이 아직 불면증 인지행동치료를 시도해 보지 않은 이유도 아마 같은 이유 때문일 것입니다.

이 치료 기법은 치료자와 면대면으로 시행했을 때 효과적인 것으로 나타났고 집단이나 전산화된 버전도 효과적이었습니다. 다시 말해서, 기법의 전달 방식에 상관없이 대부분의 사람에게 효과가 있는 치료라 할 수 있습니다.

책의 구성과 활용

이 책은 치료 과정을 따라가듯이 읽어 나가는 것이 제일 좋습니다. 저도 이 점을 염두에 두고 책을 쓰려고 했습니다. 이전에 자가 치료 도서를 이용하거나 인지행동치료에 대해 생각해 본 경험이

---

2) 역자 주: 인지행동치료는 불안, 우울 등 정신건강 문제에 광범위하게 적용되며, 불면증에 특화된 인지행동치료를 '불면증 인지행동치료(CBTi)'라고 고유하게 명명한다.

없다면 만만한 과정이 아닐 수 있고, 특히 힘겨운 밤을 지낸 후 머리가 맑지 않을 때라면 더욱 힘들게 느낄 수 있습니다. 하지만 자신에게 딱 맞는 속도로 진행해 가기 쉽게 책을 짧은 분량 단위로 구분해 놓았습니다. 따라서 이 책은 '무엇을 해야 하는지'와 '정확히 그것을 하는 **방법**'을 일러 주는 매뉴얼이라 보면 됩니다.

의사나 상담가로부터 이 책을 추천받았다면 그들과 함께 이 책의 내용을 진행해 가면 됩니다. 혼자 이 책 내용을 진행하고 있다면 도움이 된 부분을 표시해 두고 싶을 것입니다. 그렇다면 이 책에 적고 표시하기를 바랍니다. 우리 모두 책에 뭔가를 적으면 안 된다고 들으면서 살아왔을 것입니다. 자가치료를 할 때는 이 규칙을 깨야 합니다. 왜냐면 대개 많이 적으면 적을수록 더 잘하고 있는 것이라 할 수 있기 때문입니다. 불면증 인지행동치료는 정해진 방식에 맞춰 매주 진행해서 6~7주 정도에 완료하는 것이 가장 좋습니다.

이 책은 총 4부로 구성됩니다. 제1부와 제2부에서는 과정을 진행하는 방법에 대해 알려 주고 각자가 자신의 수면에 대한 전문가가 될 수 있도록 수면에 대한 많은 정보를 알려 줄 것입니다. 제3부는 수면치료 프로그램으로 구성되어 있습니다. 제4부에서는 불면증에서 회복된 사람들인 유진 씨와 지훈 씨에 관한 이야기를 다룹니다. 책의 마지막 부록에서는 치료하는 동안 필요한 주 차별 수면일지와[3] 함께 다양한 자료와 부가 정보를 제공합니다.

---

3) 역자 주: 불면증 인지행동치료에서 활용하는 수면일지(sleep diary)는 전날 밤에 누워 있던 시간이나 잠을 잔 시간 등을 기록하여 자신의 수면패턴을 파악하는 데 도움을 준다.

제1부: 시작하기

여기에서는, 그동안 다른 방법이 모두 실패했다 해도 왜 이 치료 방법만은 효과가 있는지를 이해할 수 있도록 도와드릴 것입니다. 어떻게 치료를 받아야 하는지와 언제 시작하는 것이 가장 최선인지에 대해서도 설명하겠습니다. 그리고 성공확률을 높일 수 있는 간단한 팁도 몇 가지 알려드리겠습니다.

제2부: 수면 이해하기

수면은 잠을 잘 자는 사람과 못 자는 사람 모두에게 아주 중요하고 관심 있는 주제일 것입니다. 우리가 일생의 1/3 정도를 잠을 자면서 보낸다는 점을 감안해 보면 건강 전문가들조차 수면에 대해 알고 있는 부분이 아주 적다고 할 수 있습니다. 그래서 여기에서는 수면을 측정하는 방법(이 책의 뒷부분에도 자세한 설명이 나옵니다)과 시간의 경과에 따라 어떻게 수면이 변화하고, 그에 따라 어떻게 불면과 빈약한 수면으로 나타나는가에 관해 설명할 것입니다. 그 외 흔한 수면장애에 대해 아는 것도 중요합니다. 불량한 수면에는 여러 원인이 있을 수 있기에 이런 부분에 대해서도 다룰 것입니다. 어떤 분들은 과거에 수면제를 복용했거나 지금 사용하고 있을 수도 있습니다. 따라서 현재 받는 치료에 이 치료 방식을 어떻게 결합할 것인가에 대하여 설명하겠습니다.

제2부를 다 읽으면 수면의학 수련생들에게 제가 가르치는 내용의 대부분을 당신도 알게 될 것입니다. 당신이 자신의 수면 전문가가 되도록 돕겠습니다.

제3부: 수면을 개선하는 기법

제3부는 6주 프로그램으로 구분됩니다.

- 1주: 우선 수면일지에 관해 소개한 후 자신의 수면을 측정하는 법에 대해 알려 드릴 것입니다.
- 2주: 다음에는 당신의 수면패턴과 수면에 영향을 끼칠 수 있는 행동, 즉 '수면위생'에 대해 살펴볼 것입니다. 그 후 잠자리에 들기 전 이완하고 긴장을 푸는 방법에 대해 알려 드리겠습니다.
- 3주와 4주: 이제 그동안 알게 된 정보를 마음에 새기고 당신을 위한 새로운 수면패턴에 대해 계획하는 큰 발걸음을 뗄 것입니다. 이때 '수면제한'과 '자극통제'라는 두 가지 기법에 대해 알아볼 것입니다. 이 부분은 녹록치 않으나 이 기법을 통해 큰 효과를 보는 경우가 많습니다. 따라서 3, 4주를 거치는 동안 특히 많이 격려하고 용기도 북돋아 드리도록 하겠습니다.
- 5주: 많은 이가 소파에 앉아 있을 때는 졸리다가 눕기만 하면 "전등 스위치가 켜지는 것 같다."라고 말합니다. 그들은 또한 '진정되지 않는 마음/뜬눈으로 지새우는 것'에 대해 얘기합니다. 이런 얘기들이 익숙한 분들께는 이에 대해 다루는 방법도 가르쳐 드릴 수 있습니다.
- 6주: 마침내 수면이 개선되기 시작하였다면 재발방지 도구상자를 통해 개선된 수면을 유지하는 방법을 알려 드릴 것입니다. 이전으로 후퇴하는 것을 막기 위해 미리 계획하는 게 중요합니다. 따라서 이 부분에서는 일단 호전된 뒤에 재발을 방지하는 장기 계획을 중요하게 다룰 것입니다.

제4부: 회복 사례

　이 부분에서는 유진 씨와 지훈 씨의 이야기가 당신과 비슷하다는 것을 알 수 있습니다. 과정을 거치며 그들이 경험했던 어려운 점들과 치료의 각 과정에 대한 각자의 경험, 수면 개선을 위한 노력 등에 대해 솔직하게 알려 드리겠습니다. 몇몇 분은 치료 기법을 적용해 보기 전에 이 부분을 읽

어 보고 싶다는 마음이 들 것입니다. 미리 이 부분을 읽는다면 당신은 혼
자가 아니고 다른 이들도 같은 경험을 했으며 나아지기도 했다는 것을 알
수 있을 것입니다. 그들의 수면일지를 통해 당신도 일지 쓰는 법을 이해할
수 있을 것입니다.

이 책을 이용하는 방법

시작하기 전에 앞서 자가치료법을 잘 활용하는 팁을 알려 드리
려 합니다. 일부는 이 책뿐만이 아니라 전반적인 자가치료 활용에
도 적용 가능한 팁입니다.

팁 1: 최선의 한 방을 날리십시오

"처음에는 확신이 없었어요. 제가 해야 할 일이라고 얘기한 것 중 일부
는 진짜 힘들 것 같기 때문에 크리스마스 휴일이 끝날 때까지 기다렸다
가 수면일지 작성을 시작했어요. 끝까지 잘 마쳐서 다행이라 생각해요."

6주 이상에 걸쳐 프로그램이 진행되고 매주 수면 개선을 위해 필
요한 기법을 소개합니다. 자료를 잘 읽고 매주 차 수면일지를 작성
하는 데 충분한 시간 여유가 있어야 잘 해낼 수 있습니다. 따라서 지
금이 치료를 시작하기에 최선의 시점인지 확실히 해야 합니다. 직
장에서 중요한 업무처리에 전념해야 하는 시기나 시차가 있거나 잠
자리가 변할 수 있는 휴일은 피하는 것이 좋습니다. 이 프로그램을

거쳐 간 다른 사람의 이야기를 읽어 보는 것도 도움이 됩니다(제4부를 보시기 바랍니다). 그리고 프로그램을 통해 얻을 수 있는 장점 목록을 만드는 것도 도움이 됩니다(예: 집중력 개선, 활력 증진 등). 프로그램에 전력을 다하는 것이 어렵다고 느낄 때 장점 목록을 다시 보거나 메모지에 기록해서 화장실 유리나 냉장고에 붙여 놓고 상기하는 것도 좋습니다. 잠자리에 들기 전 시간 외에도 시간을 따로 내어 일지를 다시 보며 치료법에 대해 이해하고 생각할 시간을 꼭 갖도록 합니다. 인지행동치료 과정에 참여 중이라면 과제 작성에 한두 시간 정도가 필요합니다. 그러므로 이 책을 보는 데 되도록 많은 시간을 투자하기를 바랍니다. 저녁에 욕조에서 보내는 시간이 될 수도 있고 저녁 식사를 마친 시간이 될 수도 있습니다. 책을 읽는 데 어느 시간이 가장 좋을까를 미리 계획하는 것이 좋습니다. 집중이 가능한 조용한 시간을 찾아보십시오.

팁 2: 배운 것은 실행에 옮기십시오

"밤마다 적어 나간 것이 진정 도움이 되었습니다."

당신의 수면스케줄과 생활방식을 바꾸도록 요청하는 이유에 대해 설명해 줄 수 있습니다. 하지만 이 책은 단지 읽기용이 아닌 실천용 책입니다! 원한다면 책을 바로 끝까지 읽는 것도 좋습니다만, 먼저 자신의 수면을 측정하십시오. 그리고 수면을 변화시키고 여러 측면을 개선하는 데에 있어서 이 책을 매뉴얼로 사용하기를 바랍니다.

천천히 단계별로 이끌어 드리도록 하겠습니다. 그러니 과중한 부담이나 빨리 변화해야 한다는 압박감을 느낄 필요는 없습니다. 이 프로그램은 당신이 더 잘 잠잘 수 있도록 돕기 위해 6~7주에 걸쳐 진행되는 주 차별 프로그램입니다.

팁 3: 좋은 날(밤)도 있고 나쁜 날(밤)도 있다는 것을 알아 두십시오

"상당히 잘하고 있었는데 직장에서 말다툼한 후 한숨도 못 잤습니다. 그동안의 노력이 수포가 된 것 같았어요. 하지만 다시 수면일지로 돌아가서 그간 노력해서 변화시킨 내용을 읽어 보았습니다. 다음 날 밤에는 잠이 안 오면 일어나서 침실을 벗어나겠다고 계획을 짰습니다. 계획한 것만으로도 홀가분한 마음으로 침실에 들 수 있었어요. 그리고 효과가 있어서 잠도 덜 깨고 초조한 마음도 들지 않았습니다. 다음 밤에는 알람 소리가 날 때까지 잘 잤습니다!"

이 치료를 받는 다른 사람들과 마찬가지로 당신 역시 오르막과 내리막을 경험하고 다른 밤보다 더 편안한 밤도 있을 것입니다. 이것이 정상입니다. 잠을 잘 잔다는 사람들도 쉽게 잠 못 드는 날이 많이 있습니다. 그러므로 하룻밤 잠을 못 잤다고 해서 잘 안 될 것 같다고 생각하거나 포기하지 마십시오. 그 이후 몇 주 동안 꾸준히 수면패턴을 관찰하는 것이 중요하고 이 기간 안에 천천히 개선해 나가야 합니다. 이러한 패턴은 기록을 통해 관찰할 수 있고, 꾸준한 기록이 중요한 이유가 바로 이 때문입니다.

팁 4: 이 책을 활용할 것이라는 사실을 담당의에게 알리십시오

"제 담당 선생님은 아주 지지적이세요. 사실 그녀는 불면증 인지행동 치료에 대해 아는 것이 많지 않았지만, 책을 보여 줬을 때 관심을 보였고 좋은 아이디어라고 말했어요. 전에 수면제 추가에 대해 얘기해 본 적도 있지만, 일단 기존 복용약을 바꾸지 않고 프로그램이 끝난 후에 다시 얘기해 보기로 했어요. 복용약 중에 수면에 지장을 주는 것이 있으면 복용을 중단해 볼까 고민했는데, 선생님이 지장을 줄 만한 약은 없다고 설명해 줬기에 이 역시 유익한 시간이었어요. 혹시 모르죠. 선생님이 다른 환자에게도 같은 얘기를 해 주면서 도움을 주실 수도 있지 않겠어요?"

이 치료법이 많은 환자를 대상으로 안전하게 진행된 치료법이기는 하지만, 당신의 담당의나 주치의에게는 미리 알리고 시작하는 것이 좋습니다. 당신의 다른 생활 영역이 안정되고, 특히 수면에 변화를 줄 수 있는 약물을 어떻게 조정할 것인가를 담당의와 상의하여 정하는 것은 큰 도움이 됩니다. 이 다음에 수면제에 관한 내용이 있으니 도움이 될 것입니다. 또한 담당의에게 당신이 변화를 위해 노력 중이라는 것을 알리면 동기를 진작시키는 데 도움이 됩니다.

팁 5: 가능하다면 가족과 친구들에게 알리십시오

"불량한 수면이 사람들과의 관계에 영향을 준다는 것을 알고 있습니다. 남편은 제가 밤에 깰 때 짜증을 내고 그 역시 잠을 설칩니다. 사실 제

게 의사를 만나 보라고도 했어요. 올바른 생각은 아니겠지만 그가 잘 자
면(코도 골고) 저는 더 화가 나요. 남편에게 치료에 대해 얘기하니 제가
노력하겠다고 결심한 사실에 대해 기뻐했고 사실 그이도 책을 조금 읽어
보더군요."

수면 문제는 당신뿐 아니라 함께 잠드는 파트너에게도 고통을
줍니다. 때로 저는 수면클리닉 프로그램이 '원 플러스 원 상품' 같
다고 생각합니다! 함께 사는 가족들에게 치료 계획에 관해 얘기하
기를 바랍니다. 그렇게 하면 당신과 가족들이 정해진 규칙을 지켜
나가는 데 도움이 되고 성공률을 높이는 데도 큰 역할을 할 것입니
다. 프로그램이 너무 힘들다고 느낄 때 가족이나 친구가 힘이 되어
줄 수도 있습니다. 책의 내용을 그들에게 보여 주면 수면에 대해 그
들이 미처 알지 못했던 부분이 있을 것이고 흥미를 느낄 수 있습니
다. 그러니 되도록 빨리 함께하는 것이 좋습니다. 또한 변화를 시
도할 계획이라고 다른 이에게 얘기하는 것만으로도 스스로 동기가
진작될 수 있습니다. 인지행동치료는 누군가가 지지해 줄 때 그 효
과가 좋아집니다(주변의 지지를 받으면 치료 중 퇴보나 포기의 가능성
이 감소합니다).

전문적 지원을 받고 활용하기

이 책을 활용하면서 지원을 받을 수도 있고 받지 않을 수도 있
습니다. [4] 영국 국민건강서비스에서는 인지행동치료에 적합한 사

람들이 심리적인 문제를 해결할 수 있도록 전화, 대면, 온라인 등
의 방편으로 지원하는 IAPT(Improving Access to Psychological
Therapies, 심리치료에 대한 접근성 향상) 프로그램을 도입하고 있습
니다. 심리웰빙실무자(Psychological Wellbeing Practitioners: PWPs)는
이 책과 같은 자가치료 도서를 활용할 때 사람들을 평가하고 지원
할 수 있도록 특별히 훈련받은 보건 실무자입니다. 이들은 당신이
이해하기 어려운 것이 있다면 무엇이든 설명해 주고 계획을 실행할
수 있게 도와줄 것입니다. 이런 방식의 지원이 도움이 될 것 같다고
생각되면 영국에서는 지역 IAPT 서비스(www.nhs.uk/service-search
에서 자신이 속한 지역의 '심리치료' 또는 IAPT를 검색하세요)에 직접 연
락하거나 담당에게 의뢰를 요청하면 됩니다.

　심리웰빙실무자(PWPs)는 다양한 불안장애나 우울장애를 겪는
이를 위한 지원도 제공합니다. 수면 문제가 이런 심리학적인 문제
와 관련 있는 경우도 있으므로, 당신의 담당의나 PWP가 관련성 여
부를 판단하여 알려 줄 수도 있습니다.

변화의 동력 – 치료를 통해 무엇을 얻고자 하는가

　저는 불면을 호소하는 사람들과 여러 차례 작업해 보았는데, 치
료 시작 전에 무엇을 달성하고자 하는지를 이해하는 것이 큰 도움
이 되었습니다. 이후 6주간 이 책을 통해 무엇을 성취하고자 하십

---

4) 역자 주: 영국에 해당되는 내용입니다.

니까? 환자들은 대부분 '단지 밤에 잘 자는 것'을 바란다고 얘기합니다만, 과연 '잘 잔다'는 의미가 무엇일까요?

　다음에 제시한 '목표 점검하기'에 자신의 목표가 무엇인지 적고 생각해 보는 것이 도움이 될 것입니다. 당신만의 특별한 목표 그리고 그걸 측정하는 것에 대해 생각해 봅시다. 수면일지를 작성하다 보면 수면에 점수를 매기고 문제의 심각도도 알 수 있기에, 수면일지를 작성하면서 목표 점검하기를 해도 됩니다. 불면이 있는 사람들은 우선 수면시간을 늘리고 싶어 하지만(수면클리닉에서는 대개 8시간 정도를 얘기합니다), 수면의 질도 개선되기를 원합니다. 기상할 때 충분히 피로가 풀리고 다음 날 잘 지내는 것이 당신에게는 우선순위일 수도 있습니다. 어떤 이들은 자신의 수면이 더는 정상이 아니고, 가족이나 친구들만큼만 잘 수 있으면 좋겠다고 느끼기도 합니다. 목표에 대해 적으면 치료를 진행해 가면서 다시 자신이 적은 내용을 보며 스스로가 잘하고 있는지 점검할 수 있습니다. 책의 내용에 따라가면서 언제든 다시 목표를 점검해 보고 원한다면 목표를 조정할 수도 있습니다. 치료가 끝나고 한 달 후쯤 목표를 다시 살펴보고, 또 2~3개월 후에 점검해 보는 것도 좋은 생각입니다. 치료를 시작할 때의 수면이 어떠했는지 기저선을 살펴볼 수도 있습니다. 가능하다면 현실적인 목표를 세우십시오. 예를 들어, 8시간 동안 자는 것이 소원이라 해도 지금 4시간 자는 것이 고작이라면 6시간 반이나 7시간 자는 것 역시 충분한 발전이라 할 수 있지 않을까요?

목표 점검하기

더 나아지기 위한 나의 목표

목표 1 (아래에 적어 보세요):

(오늘 날짜:　　년　　월　　일)

_____

_____

[현재 목표달성 정도 평가 / 날짜:　　년　　월　　일]

나는 목표를 달성했다. 또는 목표달성 정도 평가: (숫자에 표시하십시오)

0 —— 1 —— 2 —— 3 —— 4 —— 5 —— 6

　전혀　　　　가끔　　　　자주　　　　항상

[1개월 후 목표달성 정도 평가 / 날짜:　　년　　월　　일]

나는 목표를 달성했다. (숫자에 표시하십시오)

0 —— 1 —— 2 —— 3 —— 4 —— 5 —— 6

　전혀　　　　가끔　　　　자주　　　　항상

[2개월 후 목표달성 정도 평가 / 날짜:　　년　　월　　일]

나는 목표를 달성했다. (숫자에 표시하십시오)

0 —— 1 —— 2 —— 3 —— 4 —— 5 —— 6

　전혀　　　　가끔　　　　자주　　　　항상

[3개월 후 목표달성 정도 평가 / 날짜: 년   월   일]

나는 목표를 달성했다. (숫자에 표시하십시오)

0 —— 1 —— 2 —— 3 —— 4 —— 5 —— 6

전혀   가끔   자주   항상

목표 2 (아래에 적어 보세요):

(오늘 날짜: 년   월   일)

_____

_____

[현재 목표달성 정도 평가 / 날짜: 년   월   일]

나는 목표를 달성했다. 또는 목표달성 정도 평가: (숫자에 표시하십시오)

0 —— 1 —— 2 —— 3 —— 4 —— 5 —— 6

전혀   가끔   자주   항상

[1개월 후 목표달성 정도 평가 / 날짜: 년   월   일]

나는 목표를 달성했다. (숫자에 표시하십시오)

0 —— 1 —— 2 —— 3 —— 4 —— 5 —— 6

전혀   가끔   자주   항상

[2개월 후 목표달성 정도 평가 / 날짜: 년   월   일]

나는 목표를 달성했다. (숫자에 표시하십시오)

0 —— 1 —— 2 —— 3 —— 4 —— 5 —— 6

전혀   가끔   자주   항상

[3개월 후 목표달성 정도 평가 / 날짜: 년   월   일]

나는 목표를 달성했다. (숫자에 표시하십시오)

0 —— 1 —— 2 —— 3 —— 4 —— 5 —— 6

전혀   가끔   자주   항상

목표 3 (아래에 적어 보세요):

(오늘 날짜: 년   월   일)

_____

_____

[현재 목표달성 정도 평가 / 날짜: 년   월   일]

나는 목표를 달성했다. 또는 목표달성 정도 평가: (숫자에 표시하십시오)

0 —— 1 —— 2 —— 3 —— 4 —— 5 —— 6

전혀   가끔   자주   항상

[1개월 후 목표달성 정도 평가 / 날짜: 년   월   일]

나는 목표를 달성했다. (숫자에 표시하십시오)

0 —— 1 —— 2 —— 3 —— 4 —— 5 —— 6

전혀   가끔   자주   항상

[2개월 후 목표달성 정도 평가 / 날짜: 년   월   일]

나는 목표를 달성했다. (숫자에 표시하십시오)

0 —— 1 —— 2 —— 3 —— 4 —— 5 —— 6

전혀   가끔   자주   항상

[3개월 후 목표달성 정도 평가 / 날짜: 년   월   일]

나는 목표를 달성했다. (숫자에 표시하십시오)

0 —— 1 —— 2 —— 3 —— 4 —— 5 —— 6

전혀   가끔   자주   항상

수면 이해하기

우리 모두는 그 의미에 대해서는 그다지 깊게 생각하지 않고 "잠 자러 간다."라고 말합니다. 조지 칼린(George Carlin)이라는 코미디 언은 수면 상태란 해가 뜨고 일상적인 삶이 다시 시작될 때까지 우 리가 할 수 있는 일과 알고 있는 것에 대한 모든 통제력을 일시적 으로 상실하는 기이한 상태라 말한 것으로 유명합니다. 현실에서 는 실현될 수 없는 모험이라도 매일 밤 꿈에서는 실현 가능합니다. 이 문장에는 사람들이 수면에 대해 알고 있는 것과 모르는 것이 무 엇인지 그대로 잘 담겨 있다고 생각합니다. 아무리 생각해 봐도, 수 면은 현실이 정지된 기이한 상태 같습니다. 우리는 잠을 잘 잔 날의 밤에 대해서는 많이 기억하지 못합니다. 수십 년간 수면은 수동적 인 상태로 간주되었습니다. 결국 우리는 여전히 수면을 '스위치를 내린다' '전원을 꺼둔다'는 식으로 표현하고는 하지만, 이는 실제와 다른 부분이 많습니다. 당신의 수면을 개선하기 위해서는 수면의 기제에 대해 이해하는 것이 필요합니다. 즉, 뇌가 수면을 통제하는 방법과 수면이 뇌를 통제하는 방법에 대해 알 필요가 있습니다.

　이제 우리는 밤새 변화하는 복잡하고 매우 활동적인 과정을 뇌 의 특정 영역이 통제한다는 것을 압니다. 만일 우리가 뇌를 일련의 전기회로로 본다면 거기에는 두 개의 분리된 회로가 있는데, 이들

은 우리가 얼마나 오래 자는지 그리고 왜 밤에 자고 낮에는 안 자는
지를 통제합니다. 나는 종종 이를 시간(Hours)과 시계(Clocks)에 비
유하여 설명하곤 합니다.

시간 – 수면 항상성

이는 잠자는 양(시간, hours)을 설정하는 전기회로입니다(우리 모
두는 반드시 잠을 자기는 잡니다). 현재 이 책을 읽고 있는 것으로 미
루어 볼 때, 당신은 거의 혹은 전혀 잠을 못 잔다고 느끼는 듯합니
다. 그러나 누구든 잠을 아예 자지 않고는 살 수 없습니다. 잠을 좀
처럼 못 이룰 때도 있지만 어느 단계가 되면 결국 잠들게 되며, 깨
어 있는 시간이 길어질수록 잠에 대한 압박은 점점 더 커질 것입니
다. 따라서 오래 깨어 있는 만큼 점점 더 졸리게 됩니다. 우리가 잠
을 자면 잠에 대한 압박이 줄어들고, 다시 깨어나면 몇 시간에 걸쳐
다시 쌓이게 됩니다. 이를 항상성이라고 합니다. 우리는 이를 집
안 난방 온도조절기처럼 생각해 볼 수 있습니다. 항상성은 시스템
이 균형을 이루도록 해 주는데, 날씨가 추울 때는 집을 따뜻하게 해
주고 너무 더울 때는 저절로 꺼지기도 합니다.

인체의 다양한 시스템도 같은 방식으로 조절됩니다. 즉, 배가 고
플 때는 식사를 기다리는 동안 점점 더 배가 고파질 것입니다. 그러
나 식사 직후에는 배고프지 않거나 혹은 저녁 식사 전에 간식을 먹
으면 훨씬 덜 배가 고플 것입니다. 우리 모두의 수면 욕구는 대략
16시간 동안 깨어 있다가 7~8시간 정도 자는 것으로 충족됩니다.
이는 또한 만일 당신이 낮잠을 잔다면, 일상적인 수면시간에는 잠

이 잘 오지 않을 것이라는 의미이기도 합니다.

시계 - 일주기 리듬

우리는 24시간 주기로 태양 주위를 공전하는 지구라는 행성에
살고 있으며, 생명 작용의 모든 부분은 낮과 밤의 주기를 축으로 설
계되어 있습니다. 우리의 몸은 수많은 '일주기(하루 24시간주기)' 리
듬을 가지고 있습니다. 물론, 현대의 24/7 문화(하루 24시간, 주 7일)
에서는 무시되는 경우도 있습니다. 우리는 슈퍼마켓, 운동시설, 커

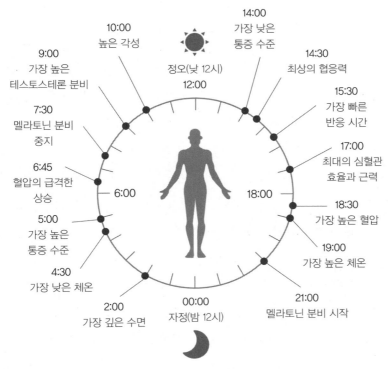

[그림 2-1] 생체시계

피숍 등이 24시간 내내 영업한다는 것을 알고 있으며, 인터넷의 매력에 빠져 낮 시간만 계속되는 듯 느낄 수도 있습니다.

가장 중요한 일주기 리듬 중 하나는 수면–각성 주기(sleep-wake cycle)입니다. 인간은 낮에는 활동하고 밤에는 자도록 설계되어 있습니다. 게다가 오후 중반에는 자연스럽게 졸리기도 한데, 이러한 이유로 일부 더운 나라에서는 낮잠(시에스타, siesta)을 자는 것입니다.

앞의 생체시계 그림에서 모든 신체 시스템(반응 속도, 체온, 언제 가장 졸리는지 등)은 24시간 주기로 변화한다는 것을 알 수 있습니다. 뇌 심층부의 작은 영역인 시신경교차상핵(suprachiasmatic nucleus: SCN)에서 뇌와 신체 다른 부위에 신호를 보내고 생체시계와 수면–각성 주기를 통제합니다. 이는 오케스트라에서 모든 타이밍을 조정해 가는 지휘자와 같은 역할을 합니다. 시간 조정에 있어서 SCN이 가장 크게 참조하는 것은 광원(빛)입니다. 눈 망막 뒷편의 특수 세포는 빛의 강도 또는 밝기를 측정하여 그 신호를 SCN에 보냅니다. 우리는 어둠 속에서 훨씬 더 졸리며, 밝은 곳에서는 각성됩니다. 따라서 우리의 수면–각성 주기는 빛과 연동되어 하루의 시간을 이루게 됩니다.

이러한 신호를 저지하거나 무시해야 하는 상황도 물론 있습니다. 예를 들어, 교대근무를 한다거나 밤에 아이들을 돌봐야 하는 경우가 있을 것입니다. 그러나 사무실과 가정의 인공 불빛은 일반적으로 자연광에 비하면 강도가 훨씬 낮습니다. 이는 실외와 비교했을 때 실내에서 일할 때 느려지고, 쉽게 피로해지며, 덜 각성되게 만드는 요인이 됩니다. 불면증이 있는 사람들은 주로 밤 시간에 관심을 갖지만, 밤이라는 것은 낮을 뒤따르는 것이기에 낮의 불빛과 활동 수

준 또한 수면에 지대한 영향을 미친다는 것을 알 수 있습니다.

항상성(시간)과 일주기 리듬(시계)을 모두 이해하면 대부분의 사람이 잠에 빠지는 때가 언제인지 이해할 수 있습니다.

- 일정 시간 이상 깨어 있은 후 많이 졸릴 때
- 밤이고 어두우면서 매일 비슷한 시간대

잠을 제대로 못 자면 여러 가지 일이 발생할 수 있습니다. 우리는 상쾌한 기분을 느끼기 위해서 수면이 필요하며, 따라서 잠이 부족하면 피곤하고 기분이 나빠지기도 합니다. 사람들은 낮 동안 주의력과 집중력이 나빠졌다고 느끼기도 합니다. 그런데 잠을 잘 자기 위한 방편으로 침대 안팎에서 여러 변화를 시도할 수도 있습니다. 이런 시도를 이해하지 못하는 것은 아니지만, 실제로 우리의 노력이나 시도 중 일부는 오히려 수면을 악화시킬 수 있으며 이는 하향 나선형의 악순환을 일으킬 것입니다. 잠드는 과정 자체에 대해 점점 더 걱정이 커질 수 있습니다. 우리는 불안을 느낄 때, 잠자는 상태와는 정반대의, 즉 각성하고 경계하는 심정이 됩니다. 따라서 당신이 잠들지 못할 때 느끼는 긴장감과 좌절감이 침실에서의 행동과 침대에 누워 있을 때 생각하는 바에 점차 영향을 미치기 시작합니다.

유진 씨와 지훈 씨 만나기

자신이 혼자가 아니라는(특히 새벽 4시에!) 생각이 불면과 씨름하는 사람들에게 힘이 될 수 있기에 같은 문제를 지닌 다른 사람들의 이야기를 읽어 보는 것이 도움이 될 수 있습니다. 불면에 대한 자가 인지행동치료를 활용한다면 더욱 좋을 것이므로, 여기에서는 당신에게 유진 씨와 지훈 씨를 소개하고자 합니다.[1] 그들은 모두 수면 장애가 있었습니다.

유진 씨 사례

유진 씨는 32세이며, 첫째 아들인 준우를 출산하고 이제 막 직장에 복귀했습니다. 그녀는 초등학교에서 보조교사로 일하면서 남편과 결혼했으며, 자신의 일을 좋아했습니다. 준우를 키우면서 일상은 바빠졌고 양육 부담을 줄이기 위해 준우를 지역 보육시설에 맡겼습니다. 그녀는 평소에도 잠을 적게 자는 편이었지만, 준우가 태어난 후 처음 몇 개월 동안은 심한 피로를 느꼈습니다. 하루빨리 준우가 자신을 깨우지 않고 내리 잠자는 날이 오기만을 기다렸지만, 준우는 깨지 않고 꼬박 잠자기까지 유진 씨 친구들의 자녀들보다 더 오랜 시일이 걸렸습니다.

하지만 감사하게도 이제 준우는 쉽게 잠들었습니다. 그런데도 그녀는 왜 예전으로 되돌아가지 못하는지 그 이유를 알 수 없었습니다. 처음 시작은 각성된 채로 피곤하면서도 긴장한 채 잠자리에 든 어떤 하루였습니다. 그런데 그날따라 오랜 시간이 흘렀습니다. 남편은 베개에 머리를 대자마자 잠이 들었습니다. 그녀는 남편의

---

1) 역자 주: 사례 속의 이름은 독자에게 친숙하게 다가가기 위해 임의로 지은 것이다.

숨소리와 코 고는 소리를 이전에는 결코 의식한 적이 없었습니다. 그것은 마치 그녀가 아직도 깨어 있다는 사실을 재확인시켜 주기 위한 소리 같았습니다.

그 후 점점 잠을 못 드는 밤이 많아졌고 잠이 들었다가도 다시 깨곤 했습니다. 준우가 잘 자고 남편이 코를 골고 있을 때도 마찬가지였습니다. 만사가 불편하고 너무 더울 때도 있고 너무 추울 때도 있었습니다. 가끔은 일어나서 적어도 깨어 있을 때 뭔가 생산적인 일을 해야겠다고 생각하며 다림질 거리를 모두 다려 버리기도 했습니다. 사실상 그녀가 잠잔 것 같다고 느꼈던 유일한 시간은 6시 30분에 마침내 기상 알람이 울렸을 때뿐이었습니다. 그녀는 점점 더 피곤함을 느끼기 시작했습니다. 가끔 그녀는 TV를 보다가 잠들곤 했지만, 이후 침대로 옮겨 가면 잠은 더 오지 않았습니다.

그녀는 준우와 남편에 대한 짜증과 신경질이 점점 심해진다고 느꼈으며, 밤에 잠을 못 잘수록 다음 날 짜증과 신경질은 더 심해졌습니다. 때로 시간 가는 것을 헤아리는 게 고문처럼 느껴지기도 했습니다. 약사로부터 허브 요법 처방을 받기도 했고, 베개를 바꾸거나 방을 바꿔 보기도 했지만, 모두 효과가 없었습니다.

처음 담당의를 만났을 때는 커피 금지에 대한 짧은 안내문과 그녀에게는 그다지 해당되지 않는 듯한 조언을 받았습니다. 그 후 다시 담당의를 방문했을 때는 단 하룻밤이라도 잠들 수 있는 해결책이 간절했습니다. 담당의는 수면제 복용을 시도해 볼 수 있지만, 장기적인 해결책은 되지 않을 것이라 얘기했습니다. 이제 그녀가 잠을 제대로 자지 못한 지 6개월이 넘어가고 있었습니다. 의사는 도움이 될 만한 인지행동치료에 관해 설명하면서 자가치료용 책을 통해 치료를 진행할 수 있다고 했습니다. 또한 이 책은 수면을 측정하고 침실에서의 계획을 세우도록 도와줄 것이기에 그녀가 전에 읽은 책들과는 다를 것이라 했습니다.

그녀는 빠른 해결만을 바랐기에 처음에는 회의적이었습니다. 이미 오랜 시간을 허비했고 잠을 못 자는 것으로 인해 업무에도 방해받지 않을까 걱정하는 중이었기 때문이었습니다. 그러나 일단 책을 읽기 시작하고 국민건강 웹사이트에서 관련 정보를 찾아보다가 자가치료가 효과적이라고 추천하는 이가 여럿임을 알게 되었습니다. 제4부에서는 유진 씨가 기록한 수면일지와 어떻게 치료가 진행되었는지에 대해 보실 수 있습니다. 그녀는 더 나은 밤을 위해 그동안 시도해 왔던 일 중 일부가 실제로는 상황을 악화시킬 뿐이었음을 이해하게 되었습니다.

지훈 씨 사례

지훈 씨는 42세로 지역 사무소에서 일하는 영업 담당자였습니다. 그는 과거 수면 문제를 경험한 적이 없다가, 한 차례 독감에 걸리게 되었습니다. 당시 아내와 아이들도 함께 감염되었지만, 그는 특히 2주 내내 오한을 느끼며 심하게 앓았습니다. 정말 아팠기 때문에 운동도 중단할 정도였습니다. 3주 후 다시 출근했지만, 처음 며칠간 퇴근 후 밤에는 평소보다 더 안절부절못하고 각성된 느낌을 받았습니다. 아내는 그가 독감에 걸린 후 몸이 축난 것이니 더 일찍 자 보라고 권했습니다.

그는 평소보다 한 시간 일찍 침대의 아내 옆에 누워 봤지만 잠을 이룰 수 없었고 매우 어색했습니다. 평소에는 너무 늦게까지 잠을 자지 않고 소파에 있는다고 아내가 놀리곤 했기 때문입니다. 4일 차에는 전혀 잠을 이룰 수 없었고, 더 열심히 노력하고 더 오래 누워 있을수록 점점 기분이 나빠졌습니다. 그는 아래층으로 내려가 옛날 영화를 보며 소파 위에서 곧바로 잠이 들었습니다. 다음 날 저녁 아내가 침대에 들 때 다시 노력해 보았지만, 여전히 곧바로 잠을 이룰 수 없었습니다. 이번에는 바로 다시 일어나서 아래층으로 가 TV를 켰습니다. 문제는 소파가 너무 불편해서 잠들었다가도 목이 아프고 힘들어서 깬다는 것이었습니다. 그러면 그는 다시 침실로 돌아가서 잠들지 못하고 누워 있는데 그때는 새벽 3시가 되어 있습니다. 다음 날 근무 일정을 생각해 보니 큰 지역 영업팀 회의가 있었습니다. 잠을 제대로 못 이루면 두통이 생긴다는 것을 알고 있었고 미팅에서는 잘하고 싶은 마음이 컸습니다. 결국 그는 아래층으로 내려가 큰 잔으로 브랜디를 마셨고 조금 잘 수 있었습니다.

다음 날 회의는 잘되지 않았습니다. 그는 여전히 두통이 있었고, 갑자기 수면 문제가 생긴 듯했습니다. 그는 주말에는 누워서 잠을 보충하려 노력하기 시작했습니다. 주 중에는 두 번째, 심지어 세 번째 영화가 끝난 뒤에도 소파 위에서 졸기만 할 뿐 침대에는 들지 못했습니다. 이제 아내와의 관계에도 긴장이 감돌았고, 그의 가족들은 아침에 집 안에서 살금살금 걸어 다녀야만 했습니다.

이제 주위에 보이는 사람들은 모두 다 잘 자는 것 같았고, 만나는 사람마다 그에게 피곤해 보인다고 이야기하는 것 같았습니다. 아내는 의사에게 가 보라고 했습니다. 잠을 못 자는 사소한 문제로 그러고 싶지는 않았지만, 일 년이 지나자 결국 병원에 갔습니다. 너무 피곤해서 안전 운전이 어려울 정도라 생각했기 때문입니다.

  담당의는 몇 가지를 점검했습니다. 의사는 그의 기분이 다소 다운되어 있지만, 주된 문제는 불면증이라 보았습니다. 또한 그가 과하게 음주를 한다고 지적했습니다. 그가 술을 마신다면 수면제로 인해 운전 시 졸음이 올 수 있기 때문에 수면제 처방은 어렵다고 했습니다. 의사는 그가 술을 줄이기만 해도 문제가 해결될 가능성이 있을 거라고 말했지만 그는 여전히 뭔가 잘못된 느낌이 들었고, 독감 후 감염이 남아 있거나 의학적인 문제가 생겼다고 생각했습니다. 의사는 혈액검사 결과는 모두 양호하며 수면에 도움이 될 만한 상담자를 만나는 게 좋겠다고 했습니다. 의사는 그를 한 심리웰빙 실무자(PWP)에게 의뢰했습니다. 그녀는 매우 분명한 태도로 불면이 심한 이들을 담당했던 경험이 여러 차례 있다고 했습니다. 그녀는 그가 지금 잘 자기 위해 하는 노력 중에 의도한 바와는 달리 오히려 수면을 저해하는 요인들이 있다고 설명했습니다. 그녀는 그의 수면이 양호했던 시절에 대해 이야기하기 시작했으며, 그때는 어떻게 침실로 가서 잠을 잤는지를 물었습니다. 그는 잘 잤던 때에 대해서는 잘 기억하지 못했는데, 그녀는 그것이 바로 중요한 포인트라고 지적했습니다. 수면은 자연스러운 과정이었으므로, 이에 대해 생각하는 것은 엄청난 노력이 필요한 어려운 일이었습니다. 그녀는 호흡의 조절처럼 애쓰지 않아도 자동으로 잘할 수 있는 다른 행동으로 예를 들었습니다. 호흡에 관한 얘기가 시작되었을 때, 지훈 씨는 숨을 깊이 들이마시다가 호흡이 어색하고 불편해졌기에 그녀의 얘기가 이해되기 시작했습니다. 그녀는 그에게 수면일지를 작성하라고 주면서 이를 통해 그의 자세한 수면일상을 들여다보고 도움을 주겠다고 했습니다. 137페이지를 보면 그가 불면의 밤과 한밤중에 영화 보는 행동을 바꾸어 보려고 어떻게 노력했는지 알 수 있을 것입니다.

수면 시 실제로 어떤 일이 발생하는가

수면클리닉에서는 수면과 뇌파(EEG)를 측정합니다. 우리는 수면의 주요 단계로서 렘수면(REM 수면 또는 꿈꾸는 수면)과 비렘수면(NREM 수면, 또는 ① 꿈꾸지 않는 수면, ② 깊은 수면, ③ 서파수면)이 있음을 알고 있습니다. 꿈꾸는 수면의 대부분은 밤의 후반부에 옵니다. 병원에서 수면을 기록하는 것을 통해 수면에 대한 아주 흥미로운 사실을 알 수 있습니다. 비수면과 꿈꾸는 수면 간에는 대략 90분의 주기가 있습니다. 다음의 그림은 이를 좀 더 자세하게 보여 줍니다.

놀랍게도 사람들은 모두 밤에 잠에서 깹니다. 젊고 건강한 사람

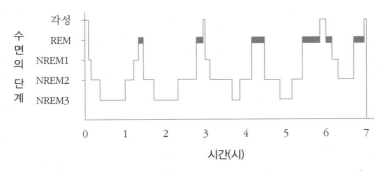

[그림 2-2] 정상 수면의 수면곡선

들은 적어도 2~4회, 60대 이상은 최대 6~8회 정도 깹니다. 밤의
후반부에는 더 많이 깨고, 꿈꾸는 수면일 때 훨씬 더 쉽게 깹니다.
그러므로 이제 우리는 불면증이 없는 사람이라 해도 밤에 '내내 잠
을 자는' 것은 아님을 알고 있습니다. 사실 모든 사람은 한밤중에
깹니다. 대부분은 이러한 일을 기억하지 못하거나 아주 짧게 깼다
가 곧바로 다시 잠들기도 합니다.

왜 잠을 자는가

"수면은 우리의 날들을 이어 주는 접착제이다."

−Rob Auton (2017)

　수면은 우리의 정서, 기억 및 신진대사에 필수적입니다. 이 세
가지 모두 일상적인 수면량에 따라 좌우되며, 우리는 어떤 이유로
든 잠을 못 자면 고통받습니다. 수면박탈이 신체적·정신적 건강
에 미치는 효과에 대한 연구를 통해 우리는 수면에 대한 많은 부분
을 알게 되었습니다. 우리는 낮의 활동을 위해 수면이 꼭 필요하고
잠을 안 자고는 살 수 없다는 것을 알고 있습니다. 이 연구 결과에
대해 좀 더 자세하게 살펴보겠습니다.
　우리의 정서와 정신건강은 수면에 달려 있으며, 이러한 관계는
양방향으로 작용합니다. 우울증이나 불안증의 첫 신호는 밤에 잠
을 제대로 못 이루는 것입니다. 그런데 불면증 그 자체도 우울증의
위험성을 증가시킵니다. 우울증을 경험하고 이후 회복한 사람들에

게 불면증이 있다면 재발 가능성이 커집니다. 지속적인 불면증을 경험하는 젊은 성인을 대상으로 한 연구에 따르면, 이들의 우울증 발병 확률은 잠을 잘 자는 비슷한 집단에 비해 7배 더 높았습니다.

수면박탈의 가장 놀라운 영향 중 하나는 주의력 저하이지만, 기억력도 함께 저하됩니다. 이는 단순히 낮에 너무 졸려서 제대로 집중하지 못하기 때문은 아닙니다. 수면은 우리의 새로운 기억을 공고하게 만드는 데 정말 중요한 역할을 합니다. 즉, 낮에 배운 내용을 밤에 재생하여 기억 속에 저장하도록 합니다. 이것이 바로 이 책을 여러 번 읽어 보아야 하는 이유입니다!

어느 정도의 수면이 적당한가

어떤 사람은 키가 작고 어떤 사람은 키가 큰 것처럼, 적정 수면량은 사람마다 다릅니다. 25세 이상의 성인은 대부분 7~8시간의 수면이 필요하다고 말할 수 있습니다. 연구에 따르면 사람들이 알람 없이 잠들고 깨어났을 때의 시간이 그들이 보고하는 평균 수면량입니다. 일부 사람들은 5~6시간만 자고도 완전히 깨어 생기를 되찾고, 반대로 어떤 사람들은 9~10시간을 자야 상쾌하다고 느낍니다. 그러나 상당히 극소수의 사람은 4시간만 자도 생기를 얻습니다. 마거릿 대처나 나폴레옹과 같이 적게 자는 것으로 유명한 사람들에 대한 전설이 있지만, 사실 이들은 모두 낮잠을 집중적으로 자서 잠을 보충했습니다.

생체시계(24시간 주기 리듬) 역시 인구집단에 따라 다릅니다. 성인 대부분이 오후 11시경 잠들어서 아침 7시경에 일어났습니다. 그러나 우리 중 5~10%는 자정 이후 잠들어서 아침 늦게 일어나는 저녁형입니다. 반대로 우리 중 10%는 자정 이전에 졸음이 와서 새벽 5~6시 사이에 일어나는 아침형입니다. 따라서 당신에게 수면 문제가 생기기 전, 주로 언제 잠이 들었는지에 대해 생각해 볼 필요가 있습니다. 당신은 아침형입니까, 저녁형입니까, 아니면 그 중간형입니까?

또한 수면시간에는 유연성이 있어서, 일정 시간 동안 정상적인 수면자의 수면을 관찰했을 때 일주일 동안의 수면량은 달라집니다. 다시 얘기하지만, 이것이 정상이며 따라서 매일 밤 정확하게 같은 양의 수면을 기대해서는 안 됩니다. 우리 대부분은 주말이나 휴일에는 조금 더 잠을 잡니다. 그리고 아플 때, 특히 열이 있다면 더 많이 잡니다. 이것은 회복의 과정으로, 면역 체계의 핵심 부분이 수면 중에 활성화되기 때문입니다.

인생에 걸쳐 수면에는 흥미로운 변화가 일어납니다. 아주 어린 아이들은, 부모가 자는 시간에 맞춰 자는 것은 아니지만, 일반적으로 어른들보다 더 많은 시간을 잡니다. 당신의 총 수면시간은 어린 시절을 거치면서 감소하고, 10대의 경우 평균 8~10시간으로 조금 증가합니다(사춘기 말에 마지막 급성장 시기가 있고 밤에는 더 많은 성장 호르몬이 분비됩니다). 나이가 들어 감에 따라 잠을 적게 자게 되며, 노인의 평균 수면시간은 6시간에서 6시간 30분 정도입니다. 노년층은 청년층보다 깊이 잠들지 못합니다. 따라서 깊은 잠을 못 이루고 밤에 더 자주 깨게 됩니다. 일반적으로 인생 후반기에는 쉽게 깨고, 그래서 조각잠을 자게 됩니다.

나이가 들면서 수면패턴에도 변화가 생깁니다. 10년이 지날 때마다 더 일찍 잠드는 게 자연스러운 현상입니다(즉, 우리는 저녁형보다는 아침형이 되는 것입니다). 10대들은 부모보다 늦게 잠들게 되어 있고, 대부분은 휴대폰이나 노트북이 있건 없건 간에 자정 이후에 잠드는 저녁형입니다. 노년층은 저녁 10시가 가까워지면 잠들고 오전 5~6시 사이에 깨는 것이 더 편안하다고 느낍니다.

잠을 잘 자는 사람과 못 자는 사람이 있는가

클리닉을 방문하는 이들이 대개 잠을 못 잔다고 하는 데 반해, 잠을 잘 잔다는 사람들도 있습니다. 마찬가지로 환자 중 상당수, 특히 잠을 잘 자는 사람들은 수면에 대해 생각해 본 적이 거의 없습니다! 이미 언급했듯이, 우리 대부분은 수면 문제가 생기기 전까지는 수면에 대해 별다른 생각이 없습니다. 수면은 그저 자동적인 행위일 뿐입니다. 사실 사람들 대부분이 좋은 밤과 나쁜 밤을 모두 경험하기 때문에, 잠을 잘 자는 사람들도 가끔 나쁜 밤을 경험합니다. 그러나 불면증이 있는 사람들은 일주일 대부분, 대개는 3일 이상 잠을 못 잤다고 하는 경향이 있습니다.

불면증이란 무엇인가

불면증이 있는 사람들은 잠드는 것이 어렵거나, 깨지 않고 자는 데 어려움이 있거나, 또는 이 두 가지 모두를 경험합니다. 또 어떤 사람들은 잠들기는 하되 수면을 통해 컨디션이 회복되는 느낌이 들지 않아서, 자신의 수면이 '적절한 수면'이 아니라고 느끼며 잠에서 깨면 개운하지 않다고 합니다.

불면증으로 분류되려면 일주일에 3일 이상 이러한 경험을 해야 합니다. 불면증이 있는 사람들은 잠들기까지 30분 이상이 걸리며, 30분 이상 밤에 깨어 있습니다. 다음 글상자는 수면클리닉에서 환자를 볼 때 불면증을 진단하는 방법을 요약한 것입니다. 불면증이 적어도 3개월 동안 문제가 되었을 것이고, 또한 낮에도 문제가 발생했음을 알 수 있습니다. 이것이 중요한 이유는 불면증이 다음 날 컨디션에 미치는 영향이 문제 되어 도움을 요청하는 경우가 많기 때문입니다. 그들은 집중력 저하와 짜증을 호소하거나 일상생활에서 덜 생산적이라고 느낄 수 있습니다.

불면증

- 잠들기 어려움 및/또는 계속 자는 것이 어렵다.
- 수면 부족으로 인해 낮 동안 집중력 저하, 피로 또는 스트레스 등의 문제가 발생한다.
- 일주일에 적어도 3일 이상 밤에 발생한다.
- 적어도 3개월 동안 지속된다.
- 수면 불량이 다른 신체적 원인 때문은 아니다.

불면증을 장기적인 문제로 만드는 요인은 무엇인가

가끔 잠 못 이루는 것은 모두에게 흔한 일이지만, 왜 어떤 사람들은 지속적인 불면증에 시달리는 것일까요? 우리는 어떤 사람들은 불면증에 더 걸리기 쉽다고 알고 있습니다. 그러므로 유전적인 영향이 있을 수 있습니다. 불면증이 가족 내력일 수 있고, 부모를 닮아 얕은 잠을 잔다는 사람도 있습니다. 그러나 어떤 계기가 있는 경우도 있습니다. 신체적 질병이 계기가 될 수도 있고, 수면 환경의 변화와 같이 단순한 이유, 불안 또는 주간 스트레스(예: 시간대 변경이 있는 시험이나 휴일) 때문일 수 있습니다. 앞에서 유진 씨 사례를 소개했는데, 그녀의 경우는 아들이 태어난 후 직장에 복귀한 것이 일과를 바꾸었고, 그것이 문제의 시작이었습니다. 그녀는 이전에도 얕은 잠을 잤지만, 몇 달 동안 상황은 훨씬 악화되었습니다.

하지만 불면증이 장기적인 문제가 되는 데 있어서의 핵심은 지속요인들, 즉 우리가 문제를 지속시키도록 뭔가를 하는 것입니다. 예를 들어, 침대가 더는 편안한 곳이 아닌 스트레스를 주는 장소가 되었다면, 침대로 가는 것은 불안을 유발하는 지속요인이 됩니다. 심박수, 아드레날린 수치, 혈압이 증가할 때와 마찬가지로 잠을 자야 한다는 부담을 가지면 오히려 수면이 악화되며, 이 모든 것은 우리를 각성시킵니다. 또 불면증이 있는 사람들은 종종 수면습관을 바꾸어 잠을 보충하거나 무언가를 바꾸려고 하지만, 역설적으로 이는 상황을 나아지게 하는 것이 아니라 악화시킬 수 있습니다. 예를 들어, 사람들은 잠을 보충하기 위해 더 일찍 잠자리에 들 수 있

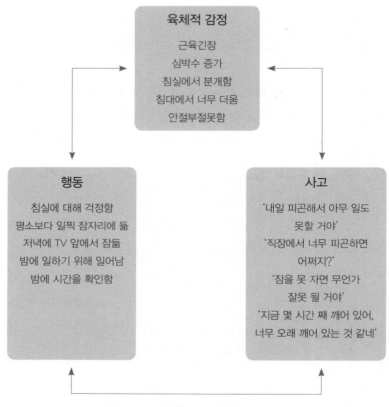

[그림 2-3] 불면증을 장기화시키는 요인

지만, 이로 인해 깨어 있는 상태로 침대에 누워 있는 시간이 길어지고 스트레스와 좌절이 증가합니다. 그러다 보면 시간이 흐르면서 수면에 대해 걱정하는 패턴이 생깁니다. 앞의 그림을 보면 이를 알 수 있습니다. 수면에 대해 아예 생각하지 않을 때의 수면이 가장 좋은 수면입니다.

불면증과 다른 질병들의 연관성은 무엇인가

불면증은 정신건강 문제뿐만 아니라 다른 질병과도 관련이 있을 수 있습니다. 관절염은 밤에 통증을 유발할 수 있으며, 천식은 호흡 곤란을 일으킬 수 있습니다. 이러한 문제로 인해 만성적으로 수면이 부족한 경우를 공존불면증이라고 합니다. 이는 단순히 다른 질병과 동시에 존재하는 불면증을 의미합니다.

그러나 불면증이 항상 이런 원인들에 의해 발생하는 것은 아니라는 점이 중요합니다. 수면 문제를 모두 우울증이나 관절염 등 신체건강 문제 때문이라 치부하여 의사나 다른 건강 전문가가 불면증 자체는 심각하게 다루지 않는다는 이유로 실망하는 사람들이 많습니다. 다행스럽게도 제가 당신께 알려 드릴 기술들이 불면증과 공존불면증 모두에 효과가 있다는 충분한 증거가 있습니다.

약물을 복용해야 하는가

전통적으로 의사는 불면증에 약물 처방을 해 왔습니다. 그러나 이제 우리는 3개월 이상 지속된 불면증에 한하여 단기로 수면제를 사용하는 것이 원칙이라는 것을 알고 있습니다. 일반적으로 담당의는 이 약을 2주 동안만 처방하고 더 이상은 처방하지 않는데, 이는 부작용의 위험이 있기 때문입니다. 특정한 계기로 수면 문제가 발생한 경우, 실제 약물이 도움이 될 수도 있습니다. 그러나 약을 2주 이상 복용하면 초기의 이점은 사라집니다. 어떤 사람들에게는 약이 효과 없을 뿐더러 아침에 그로기 상태가 되는 '숙취효과'를 유발하기도 합니다. 많은 이가 이제 이러한 약들에 중독성이 있다고 알고 있습니다. 불면증을 치료하기 위해 '처방 없이 사용되는' 다른 약들, 특히 항우울제 등이 있지만, 이 약들이 장기적으로 효과 있다는 연구는 거의 없습니다. 성공적이라는 근거가 확보된 치료법은 불면증 인지행동치료, 즉 이 책이 가르쳐 줄 기술들입니다. 이는 현재 영국 국민건강서비스(www.nhs.uk/conditions/Insomnia)에서 권장하는 치료법이기도 합니다.

수면제

우선, 중요한 점은 복용 중인 약에 대해 담당의와 항상 상의를 거쳐야 한다는 것입니다. 의사는 당신의 진료에 대한 세부 정보와 당신이 왜 그 약을 처방받았는지에 대해 알고 있습니다. 수면을 위해 복용하는 약을 포함하여 모든 약에 대해 조언할 수 있는 최적의 사람은 바로 당신의 담당의입니다.

그러나 이 책에서도 수면제에 대한 몇 가지 전반적인 사항을 짚고 넘어가려 합니다. 병원에 오는 많은 환자는 수면제를 복용한 경험이 있습니다. 어떤 사람들은 수면클리닉 방문 시 이미 수면제를 복용 중이고, 그들 중 일부는 인지행동치료 프로그램을 활용하여 수면제를 끊고 싶어 합니다. 당신은 알약과 프로그램에 대해 여러 가지 궁금증을 가질 수 있을 것입니다. 우선, 당신의 담당의가 수면을 도와주도록 처방할 수 있는 약에 대해 간단히 설명하도록 하겠습

표 2-1 수면제 종류와 특징

약명	투여량(mg)	반감기(시간)	일반적인 부작용
조피클론	3.75~15	4~6	아침 숙취
테마제팜	5~20	6~8	아침 숙취
졸피뎀	5~20	2~4	두통, 몽유병
클로나제팜	0.5~1	10~17	주간 졸음, 코골이 악화
멜라토닌	2	0.5~2	두통, 저조한 기분
아미트리프틸린	10~50	17	입술 건조, 아침 숙취
미르타자핀	15~45	20~40	체중 증가, 다리 떨림 악화
트라조돈	50~200	10~12	체중 증가

니다. 〈표 2-1〉에 제시된 알약 중 일부는 우울증이나 통증 완화를 위해 사용되기도 합니다. 우리는 약물 '반감기'에 대해 알아야 합니다. 이는 당신의 몸이 혈중 약물의 절반을 제거하는 데 걸리는 시간입니다. 수면제의 경우, 1) 처음 복용했을 때 체내에 얼마나 빨리 영향을 주고, 2) 제거되기까지 시간이 얼마나 걸리는지를 아는 것이 도움이 됩니다.

　수면제가 어떻게 작용하는지에 대해 조금 이해하면 결정에 도움이 될 것입니다. 놀랍게도 수면제가 만성불면증(3개월 이상 지속된 불면증)에 효과가 있다는 증거는 거의 없습니다. 이는 증거를 면밀하게 연구한 다수의 논문에 기반을 둔 사실입니다. 대부분의 연구에서는 수일 내지 최대 3~4주 동안 수면제를 복용한 경우, 더 빨리 잠들고 때로는 조금 더 오래 잠자는 데 도움이 되기도 한다는 결과가 나타났습니다. 그러나 수면제가 아침에 찌뿌둥한 느낌이나 숙취감을 유발할 소지가 있다는 연구 결과도 있습니다. 따라서 어떤 경우에는 실상 수면제의 잔류 효과를 불면에 따른 피로감으로 혼동할 소지도 있습니다.

　때로 단기간에 알약의 효과를 보기도 하지만 이에 대해 내성이 생기기도 합니다. 다시 말해서, 초기의 효력은 상당히 빠르게 없어지고 동일한 효과를 보려면 더 많은 양을 복용해야 하는 것입니다. 최악의 경우 당신이 잠드는 데 약은 도움이 되지 않고, 그 후 약을 중단하려 할 때 불면증이 더욱 악화되는 지경에 이를 수 있습니다. 만일 당신이 약을 처방받았다면, 내성을 피하는 가장 좋은 방법은 짧은 기간 동안 약을 사용하는 것입니다. 이것이 바로 오늘날 의사가 한 번에 2주 분량의 약만을 처방하는 이유입니다.

수면제를 끊는 데 인지행동치료가 도움이 되는가

　이에 대한 간단한 답변은 "예."입니다. 하지만 우선 당신의 담당의나 주치의와 상의하여 그들의 동의와 안전 여부를 확인할 필요가 있습니다. 그간 보아 온 바에 따르면 사람들은 명확한 계획표를 만들고 자신에게 잘 맞는 것을 찾아 최선을 다해 수행합니다. 물론 개인별로 다 다를 것입니다. 당신에게 금연하는 친구들이 있다고 한다면, 어떤 친구는 점차 흡연을 줄여 가는가 하면 어떤 친구는 즉각 흡연을 중단하고 지지집단이나 약의 도움을 받는 방법을 택할 수도 있습니다. 마찬가지로 수면제를 끊는 데도 여러 방법이 있고 그중 어떤 방법이 당신에게 최선일지 알아내야 합니다. 만약 매일은 아니고 가끔 수면제를 복용하고 있다면 프로그램에서 수면제한

부분(제3부를 보세요)을 시작할 때 복용을 중단하는 것이 가능한 방안 중 하나입니다.

또 다른 방안은 약은 그대로 유지한 채로 우선 프로그램을 끝까지 진행하는 것입니다. 이 방식의 이점은 약을 중단했을 때의 효과에 대해 걱정할 필요 없이 불면증 치료 자체에 전념하는 것이 가능하다는 것입니다. 불면증 치료 시에 만난 대부분의 사람은 약을 끊는 것이나 금단증상에 대한 우려 때문에 큰 스트레스를 경험합니다. 이들은 상황이 더 안 좋아지는 것은 아닐까 걱정합니다. 저는 그런 분들께 우선 걱정은 완전히 접어 둔 채, 수면일지 작성을 시작하여 프로그램을 진행해 보도록 권합니다.

계획을 세우고 그것을 지키는 것이 가장 중요한 부분이라고 할 수 있습니다. 당신과 담당의 모두에게 가장 잘 맞는 계획을 세우십시오. 불면증 인지행동치료에 방해가 될 수 있는 일은 치료 중반쯤에 약을 바꾸거나 약의 용량에 변화를 주는 것입니다. 그러니 치료를 진행하는 동안 당신이 계속 지킬 수 있는 계획이 무엇인지 정하고 담당의에게도 알리기를 바랍니다. 사람들은 여러 가지 이유로 수면제 복용을 편치 않다고 느끼며 대안을 바랍니다. 이런 사실이 당신에게도 해당된다면 계획을 세워 이 프로그램을 시도하십시오. 많은 이가 이 프로그램을 통해 효과를 보았습니다.

수면과 관련된 다른 문제가 있는 것은 아닌가

이 역시 아주 중요한 질문입니다. 수면 관련 문제가 불면증만 있

는 것은 아닙니다. 제가 당신에게 가르쳐 드릴 기법은 불면증에는
잘 통하는 기법이지만 다른 수면 문제에는 도움이 되지 않을 수 있
습니다. 그래서 이 부분에서는 다른 수면장애에 대한 정보 몇 가지
를 드리고자 합니다. 자신의 병이 무엇인지 스스로 진단해야만 한
다는 의미는 아닙니다. 의사나 다른 건강 분야 전문가들은 당신의
질병이 무엇인지 판단(진단)하기 위해 증상을 훑어보는 훈련을 받
은 사람들입니다. 그들은 흔히 여러 장애에 대한 감별진단을 하기
위해 질문을 하고 검사일정을 잡기도 합니다. 이 절차는 대개 담당
의와의 면담에서 시작됩니다.

　당신의 담당의는 몇몇 질문들을 통해 당신의 문제가 무엇인지
알아내게 됩니다. 때로는 저처럼 병원에서 일하는 수면 전문가에
게 의뢰할 수도 있습니다. 다음에 이런 질문 몇 가지가 나와 있으
며, 이 질문들을 통해 당신은 여러 유형의 수면 문제에 대한 정보를
얻을 수 있고 적합하고 전문적인 조력을 구하는 데도 도움을 받을
수 있을 것입니다. 그리고 당신에게 하나 이상의 수면장애가 있을
가능성도 있습니다.

Q1 저녁에 쉬거나 밤에 잠들려 할 때 다리에 불쾌하고 불안한
느낌이 들다가 걷거나 움직이면 그 느낌이 완화된 적이 있
나요?

하지불안증후군과 수면 중 주기성 사지운동증

이는 꽤 흔한 문제이며 전체 인구 중 5%는 이상하고 안절부절못

하고, 일어나거나 뻗거나 움직이거나 걷어차는 동작을 참기 어려운 느낌을 경험합니다. 이 느낌이 항상 수면을 방해하는 것은 아니지만 어떤 이들은 하지불안 증상이 심해서 말 그대로 안정이 불가할 정도입니다. 이 증상으로 인해 이차적으로 불면증이 발생하기도 합니다. 불면증 때문에 우리 클리닉에 의뢰된 사람 중 10%는 하지불안이 주요 증상 중에 한 가지이거나 때때로 수면을 방해할 정도의 하지불안 증상을 경험하는 것으로 나타났습니다. 하지불안 증상은 늦은 저녁 또는 밤 시간 전반부에 심해지는 것으로 보입니다.

하지불안 증상이 수면에 지장을 준다면 담당의에게 증상에 관해 얘기하는 것이 도움이 됩니다. 잠이 든 후에 다리를 움직이거나 움찔거리는 경우라면 함께 잠드는 파트너가 보고 얘기해 줄 수 있습니다(그들에게는 꽤 견디기 힘든 일인 경우가 많습니다).

하지불안이 있다고 해서 모두 의학적인 치료가 필요한 것은 아닙니다. 어떤 이들의 경우 하지불안 증상이 가끔씩 나타날 뿐이고, 저녁 시간 이후 카페인, 니코틴, 또는 알코올 금지와 같은 간단한 생활습관의 교정으로 증상이 개선되기도 합니다. 앞서 말한 물질들은 하지불안 증상을 악화시킵니다. 금연을 시작하고 잘 유지하는 사람 중에는 하지불안이 완화되고 잠도 잘 자게 되었다는 것을 깨닫는 이들도 있습니다.

하지불안증후군은 철분 수치의 저하와도 관련이 있습니다. 그래서 담당의가 철분 수치 측정을 위해 혈액검사를 권하는 경우도 있습니다. 불면 이외의 이유로 처방받는 약들도 모두 살펴볼 필요가 있습니다. 어떤 복용약은 하지불안증후군을 악화시킬 수 있는데, 여기에는 항우울제, 멜라토닌, 멀미약 등이 해당됩니다. 그러므로

담당의에게 상의할 필요가 있습니다. 영국 하지불안증후군 재단
은 자선단체이며, 이 단체를 통해 유용한 정보를 얻을 수 있습니다.
지속적이고 심한 하지불안 증상에는 특정 약물이 아주 효과적이지
만, 약을 복용하는 것이 좋을지에 대해 담당의와 상의할 필요가 있
습니다. 영국 국민건강서비스를 통해서도 유용한 정보를 얻을 수
있습니다.

Q2 잠이 들면 코를 심하게 고나요? 낮에 심하게 졸리나요?

폐쇄성수면무호흡증(Obstructive sleep apnea: OSA)

타인의 코골이는 수면을 방해하고, 특히 불면인 사람에게 함께
잠드는 파트너의 코골이 소리는 고통스러운 것입니다. 하지만 자신
의 코골이나 호흡이 수면을 방해한다는 사실은 몰랐을 것입니다.

우리가 알기로 전체 인구 중 최소 20%는 코를 골고 이들 대부분
은 타인을 귀찮게 하는 정도입니다. 그러나 어떤 이들에게 큰 소리
로 코를 고는 것은 곧 호흡이 일시 정지되는 것(무호흡)으로, 몇 초
동안 들숨이나 날숨이 중단되는 것입니다. 이로 인해 자주 깨고 수
면이 파편화되면서 숙면에 큰 방해가 됩니다. 자신이 자주 깬다는
사실을 전혀 모르는 채, 잠을 자도 하나도 개운하지 않다는 느낌만
있을 때("한잠도 못 잔 기분이다."라고 얘기들을 합니다)도 있습니다.
무호흡증 경험의 단서는 아침에 일어났을 때 목이 건조하고 아픈
것이나 띵한 두통 등입니다. 숨이 막히는 느낌이나 소변을 보고 싶
은 느낌과 함께 깨어났던 것을 기억하는 사람들도 있습니다.

불면증과 수면무호흡증에 의한 파편화된 수면의 중요한 차이는 낮 동안의 졸림입니다. 중등도(moderate) 또는 중도(severe)의 수면 무호흡증을 앓는 사람들은 실제로 낮잠을 자거나 꾸벅꾸벅 졸지 않고는 낮 시간을 버티지 못합니다. 수면무호흡증이 있으나 진단을 받지 않은 사람도 많습니다. 실제로 40대 이후 남성의 10%, 여성의 5%는 약간의 수면무호흡 증상을 경험합니다. 이것은 꽤 흔한 수면 문제 중의 하나입니다. 다행스러운 점은 코골이와 호흡 정지를 멈추는 효과적인 치료법(착용 가능한 기기로 CPAP[2]라 함)이 있다는 것입니다. 이것을 사용하면 훨씬 잘 잘 수 있습니다.

코골이의 가장 큰 위험인자는 목둘레(칼라 사이즈), 체중, 체질량지수(BMI)입니다. 불행히도 일반 인구 대비 비만율은 1990년대 15%에서 2015년 25%로 높아졌습니다. 함께 잠자는 파트너가 있다면 자신이 코를 골거나 호흡 정지를 보이지 않는지 물어보는 것이 좋습니다. 간단한 선별 도구가 존재하며 이 책의 '부록' 부분에서 폐쇄성수면무호흡증에 대한 추가 정보를 확인하실 수 있습니다.

Q3 잘 자는 데 시간이 어긋나는 것 같습니까?

일주기리듬장애

사람들은 잠을 자게 해 주는 생체시계가 있다고들 합니다. 어떤

---

2) 역자 주: 지속기도 양압(Continuous Positive Airway Pressure)을 도와주는 양압기를 의미한다. 수면 중에 일정한 양압을 가해서 호흡을 도와줄 수 있다.

사람들은 일주기리듬장애(Circadian rhythm disorder)로 인해 밤에는
쌩쌩하다가 자신이 원하는 시간, 예를 들어 새벽 3시 정도에는 잠
이 잘 들기도 합니다. 그러나 학교에 가기 위해 또는 8시 출근을 위
해 일어나는 데는 어려움이 있습니다. 이러한 수면위상지연증후군
(Delayed Sleep Phase Syndrome)은 사람들이 극도의 저녁형 인간이 되
게 하여, 새벽 3~4시에 잠드는 게 가장 편하고, 남들이 깨어 활동하
는 시간에 자도록 만듭니다. 수면위상전진증후군(Advanced Sleep
Phase Syndrome)도 생체시계에 마찬가지의 문제가 있되 반대 방향
으로 작용하는 것입니다. 이들은 늦게까지 깨어 있는 것이 불가능
하고, 일찍 잠자리에 들었다가 새벽 5시 전에 깨어 다시 잠이 들지
못합니다.

Q4 자면서 걸어 다니거나 잠이 깰 정도의 불쾌하고 생생한 꿈을 꿉니까?

사건수면(Parasomnias)

이것은 수면 중에 원치 않는 행동이나 활동을 하는 것을 말합니
다. 여기에는 수면보행, 잠꼬대, 꿈꾸는 대로 행동하기, 심한 이갈
이, 마음을 어지럽힐 정도의 생생한 악몽 등이 포함됩니다. 함께 자
는 파트너나 다른 가족 구성원이 얘기해 주는 경우가 있지만, 스스
로는 이를 잘 기억하지 못하거나 기억이 뒤죽박죽되기도 합니다.

불면이 이런 문제를 심화시키기도 하지만, 만약 이런 것이 더 주
된 문제라면 담당의나 보건 전문가에게 얘기해서 필요한 검사나

치료를 받아야 합니다. 악몽을 완화하는 다른 심리학적 치료도 존재합니다.

Q5 낮에 별다른 신호 없이 참을 수 없게 잠에 빠져드는 일이 자주 있습니까?

기면병

　기면병(Narcolepsy)은 10대 또는 20대 초기에 시작되는 드문 병입니다. 하지만 실제로 진단까지 받는 데는 시간이 걸립니다. 기면병인 사람 다수가 밤에 여러 차례 깨지만 낮 동안의 심한 졸음이나 아주 생생한 꿈과 같은 다른 문제도 경험합니다. 기면병인 사람 대부분도 잠을 자기는 하지만 다른 이들 대부분이 깨어 있을 시간(예: 직장에서의 중요한 회의, 식사 또는 대화 도중)에 자는 게 문제입니다. 이들은 대개 밤에 잘 때는 아주 생생하고 기억에 남는 꿈을 꾸고, 일부는 수면마비(가위눌림)를 경험합니다. 이것은 꿈에서 깨지만 몇 분 정도 전혀 움직이지 못하는 것을 말합니다. 때로는 가슴의 압박감과 주변에 꿈에서나 볼 법한 대상이 존재한다는 느낌이 함께 나타납니다. 사람들은 수면마비 때문에 매우 힘들다 느끼지만 이는 해로운 경험이 아니며, 언제든 다시 깨어나고 움직이게 된다는 점을 확실히 말씀드릴 수 있습니다. 아주 가끔 경험하는 수면마비는 인구 전체에서 20%까지 나타나지만, 만약 당신이 수면마비를 자주 경험하고 생생한 꿈과 낮 동안 졸음을 경험한다면 꼭 담당의에게 알려야 합니다.

제3부

수면을 개선하는 기법

여기까지 잘 따라오셨습니다. 수면과 불면 그리고 도움이 될 만한 치료에 대해서도 몇 가지 정보를 얻었기를 바랍니다. 이제부터는 나의 수면이 어떠한지 관찰하는 방법과 불면을 개선하는 치료 방법을 알려 드릴 것입니다. 1부를 통해 찾은 나만의 목표를 향해 나아가는 데 이 기법들이 도움이 될 것입니다. 책에 메모해 두거나 특히 자신에게 해당하는 부분을 표시해 두었다가 필요할 때마다 돌아가 앞서 발견한 내용들을 다시 새겨 보는 것이 좋습니다.

치료는 짧은 부분 단위로 나뉘어 제시되는데, 앞으로 6주간 매주의 계획을 따르는 것이 가장 효과적인 방법입니다. 우선은 자신에게 나타나는 불면의 특성에 대해 평가해 볼 것입니다. 이를 위해 수면일지를 이용한 수면 측정 방법을 배울 것입니다. 그 뒤에 추가로 할 일도 있습니다. 이 기법들은 각각 따로 발췌하여 사용하는 것보다는 6주의 프로그램 내내 함께 활용하는 것이 가장 효과적입니다.

우리는 수면클리닉에서 매주 "안 해 본 노력이 없다."라는 말을 듣곤 합니다. 그러나 막상 자신의 수면을 면밀하게 살펴보고, 몇 주 동안 노력을 들여서 바람직한 수면패턴을 생활화하고자 시도해 본 사람은 많지 않습니다. 불면이 몇 주, 몇 달 그리고 몇 년간 지속된

경우라 하더라도 이 기법이 효과적일 수 있음은 수면 연구를 통해
서도 밝혀진 바입니다.

1주: 나의 수면을 평가하고 측정하기

이제 수면클리닉에서 활용하는 아주 중요한 도구인 수면일지에
대해 소개하려 합니다. 수면일지는 오늘부터 일주일 동안 매일 작
성하기 바랍니다. 수면일지 작성은 치료의 중요한 시작점이라 할
수 있습니다. 불면에 점수를 매길 수 있도록 우리 수면클리닉에서
사용하고 있는 것과 아주 유사한 일지 양식을 제공해 드리려 합니
다. 먼저 예시를 보세요.

수면일지 양식 예시

	저녁						밤/아침												오후						
	6	7	8	9	10	11	12	1	2	3	4	5	6	7	8	9	10	11	12	1	2	3	4	5	6
활동	술	술	술		간						화				알	간			식		간		식		
수면시간						↓			↑	↓				↑											

소등시간 오후 <u>12시 30분</u>   총 수면시간 <u>6시간</u>

활동 내용을 약자로 기록하세요
술 – 매회 음주 행동
카 – 매회 커피, 차, 코코아, 콜라 등을 포함한 카페인 음료 섭취
약 – 매회 수면제 복용
식 – 식사
간 – 간식
운 – 운동
화 – 수면시간 중 화장실 이용
소 – 수면을 방해하는 소음
알 – 기상 알람 설정 시간(알람 이용 시에 한함)
수면시간(낮잠 포함)
↓ – 침상에 들 때마다 '아래쪽' 화살 표시
↑ – 침상을 벗어날 때마다 '위쪽' 화살 표시
│ – 잠이 든 시간과 깬 시간에 선을 그은 후 두 시간 사이를 연결하여 수면 기간을 표시
│ – 낮잠이 든 시간과 깬 시간(의자와 침상에서의 낮잠 모두 포함)에 선을 그은 후 두 시간 사이를 연결하여 낮잠 기간을 표시

앞과 같이 매일 한 번 일지를 작성하되 아침에 일어나자마자 작성하는 것이 가장 좋습니다. 침상에 든 시간(또는 잠을 자려고 불을 끈 시간)과 잠들기까지 걸린 시간 둘 다 최대한 잘 어림해서 적도록 합니다.[1] 가능한 한 5~10분 단위로 적는 것이 좋습니다. 밤중에 깼다면 깨어 있었던 기간을 표시하고 침상을 벗어났는지도 기록합니다

---

1) 역자 주: 잠든 시간부터 깨어난 시간까지는 ├──┤(막대를 세우고 사이에 줄을 그음)로 표시한 뒤 어림해서 대략 ○○시간 ○○분으로 적어 놓으면 총 수면시간 수치를 알 수 있다.

(화살표 사용). 기상한 시간과 침상을 벗어난 시간도 화살표를 이용해서 기록하면 됩니다. 그 외에 추가로 낮에 운동한 것('운'), 음주한 것('술'), 수면제 복용한 것('약') 등의 내역을 기록합니다. 음주의 경우 알코올 1단위(맥주 500cc 반 컵, 소주 한잔 분량)마다 '술'로 기록합니다. 몸이 아픈 것과 같이 특이한 사항은 그날 따로 메모해 둡니다. 이쯤에서 '유진' 씨가 작성한 수면일지를 참고하면 일지 작성법을 이해하는 데 도움이 될 것입니다(더 자세한 내용은 제4부를 참고하세요).

유진 씨의 1주 차 수면일지

	저녁						밤/아침												오후						
	6	7	8	9	10	11	12	1	2	3	4	5	6	7	8	9	10	11	12	1	2	3	4	5	6
활동														카		카		카	식					식	
수면시간				↓							↑			↑											

소등시간 밤 <u>9시 45분</u> 　　　　　　　　　　　　　총 수면시간 <u>5시간</u>

	저녁						밤/아침												오후						
	6	7	8	9	10	11	12	1	2	3	4	5	6	7	8	9	10	11	12	1	2	3	4	5	6
활동														카		카			식					식	
수면시간					↓							↑													

소등시간 밤 <u>10시 00분</u> 　　　　　　　　　　　　총 수면시간 <u>5시간</u>

	저녁						밤/아침												오후						
	6	7	8	9	10	11	12	1	2	3	4	5	6	7	8	9	10	11	12	1	2	3	4	5	6
활동															카		카		식					식	
수면시간					↓		↑	↓					↑												

소등시간 밤 <u>10시 00분</u> 　　　　　　　　　　　　총 수면시간 <u>3시간 30분</u>

	저녁						밤/아침												오후					
	6	7	8	9	10	11	12	1	2	3	4	5	6	7	8	9	10	11	12	1	2	3	4	5	6
활동							화						카	카		식							식		
수면시간			↓	⊢——⊣					⊢——⊣		↑														

소등시간 밤 9시 50분 ⬛ 총 수면시간 5시간 30분

	저녁						밤/아침												오후					
	6	7	8	9	10	11	12	1	2	3	4	5	6	7	8	9	10	11	12	1	2	3	4	5	6
활동			술								화		카	카						식				
수면시간					↓	⊢—⊣ ⊢——⊣					↑													

소등시간 밤 11시 00분 ⬛ 총 수면시간 1시간 30분

	저녁						밤/아침												오후					
	6	7	8	9	10	11	12	1	2	3	4	5	6	7	8	9	10	11	12	1	2	3	4	5	6
활동	식												카				카	식						
수면시간			↓	⊢————————⊣								↑												

소등시간 밤 8시 30분 ⬛ 총 수면시간 6시간

	저녁						밤/아침												오후					
	6	7	8	9	10	11	12	1	2	3	4	5	6	7	8	9	10	11	12	1	2	3	4	5	6
활동							화													식				
수면시간			↓	⊢—⊣			↑	⊢—⊣			↑													

소등시간 밤 10시 10분 ⬛ 총 수면시간 2시간 30분

할 일이 꽤 많아 보이는데 이런 것들을 꼭 해야만 하는 이유가 있을까요? 제 경험으로 볼 때 사람들은 수면일지 작성을 통해 자신의 수면 문제에 대해 가장 잘 알 수가 있었습니다. 각자 생각했던 수면

패턴이 그대로 나타나는 경우도 있지만 생각했던 수면패턴과 다르
거나 매일 밤 수면패턴이 달라질 수도 있습니다. 저는 수면클리닉
에서 해 왔듯이, 이 치료법을 되도록 당신만의 수면 문제에 최적화
하려고 합니다. 따라서 당신의 문제를 잘 살펴본 후, 수면을 개선하
는 최선의 치료법을 계획하는 데에 있어서 가장 좋은 방법은 수면
일지 기록이라고 할 수 있습니다. 일지에서 얻은 정보를 통해 새로
운 일정을 세우고 불면을 이겨 내는 최선의 방법을 찾아낼 수 있을
것입니다.

　치료 프로그램을 진행하는 6주 동안 일지를 써 나가야 합니다.
미리 말씀드리지만 때로 힘든 과정이 될 것입니다. 바쁜 일과 시간
동안에 특히 일지 작성을 빠트리기 쉽겠지만, 오랜 시간 수면 연구
를 해 본 결과 일지 작성은 아주 중요합니다. 많은 환자가 잠을 좀
더 자기 위해서라면 무엇이든 하겠다고 말합니다. 수면일지 작성
이 좀 더 편안한 밤을 위해 치르는 대가라고 생각하시기 바랍니다.
일지 작성은 치료의 효과가 있는지와 수면이 개선되는지를 한눈에
살펴보는 데도 좋은 방편입니다.

수면일지 작성을 위한 팁

- 일어난 후 한 시간 안에, 최소한 몇 분의 시간을 내어 매일 꼭
  작성하도록 하십시오. 기억하는 내용을 되도록 자세히 기록하
  십시오.
- 정확한 시간을 기록하겠다고 한밤중에 시간 확인을 하거나 기
  록하지는 마십시오.

- 제공된 일지에 기록하십시오. 프로그램이 진행되는 동안 이용할 수 있는 분량을 충분히 드리기는 하겠지만, 따로 메모하거나 기록을 남겼다가 일지에 옮겨 적어도 상관없습니다. 휴대폰 앱에는 필요한 모든 정보를 기록하는 것이 어려울 수 있으므로 종이에 기록하는 것이 더 좋습니다.
- 자신이 기록하는 내용 때문에 스트레스를 느끼지는 마십시오. 누구나 매일 다른 일상을 경험하고, 옳고 그른 내용은 없습니다. 각자의 수면 문제는 자신만 알고 있는 것이니 이제 그 내용을 제게 알려 주시면 됩니다.

수면일지를 앞에 두고 지난 7일 밤낮을 기록하고자 할 때 제가 적어 보라 했던 목표를 상기해 보는 것이 도움이 될 것입니다. 변화할 준비가 되었나요? 이제 수면을 수치화해 보았습니다. 생각했던 것과 같습니까? 예를 들어, 생각했던 것처럼 매일 밤 항상 똑같이 불면이 심각하던가요? 수면패턴에 대해 적어 보는 것만 해도 치료에 큰 도움이 되고, 첫 주의 일지 작성을 통해 수면과 기상 패턴에 대해 좀 더 자세히 분석할 수 있을 것입니다.

환자 대다수가 스스로 잠을 잘 자 보려는 노력은 이미 충분히 했고 다른 사람들에게는 효과 있는 약이나 그 외의 방법들이 자신에게는 듣지 않는다고 실망했을 수도 있습니다. 그렇기에 지금 자신의 동기 수준에 대해 생각해 볼 필요가 있습니다. 앞으로 몇몇 힘든 변화가 기다리고 있고 그 험한 여정에서는 진전과 함께 간혹 퇴보도 경험하게 될 것입니다. 어떤 분들은 치료 시작 전에 과거 우리의 도움을 받고 나아졌던 사례를 읽어 보는 것이 도움이 되었다고 합니다. 한편, 그냥 앞에 있는 일지를 적어 나가면서 시작하기를 원하는 분들도 있을 수 있을 겁니다.

1주 요약 – 수면일지

　수면일지를 적어서 문제를 수량화하는 방법을 배웠고, 일지를 통해 각자의 수면패턴에 대해 알아보았습니다. 다음 5주 동안 계속 수면일지를 기록하는 것이 아주 중요합니다. 일주일 동안 최소 매일 밤낮으로 기록하기 위해 항상 당신의 주변에 수면일지를 두면 도움이 될 것입니다.

2주: 수면위생과 이완

수면위생

　수면위생이라는 표현은 낮 동안의 생활양식과 습관을 이르는 말입니다. 이는 당신의 수면, 잠자기 전의 일상, 침실 자체에서의 행동에 영향을 미칠 수 있습니다. 이는 다소 생소한 용어로, 이를 닦거나 목욕하거나 시트를 정리하는 것과는 아무 관련이 없습니다!

　문제가 생기는 것은 밤인데 일지에서는 왜 낮 동안의 일에 관해 묻는지 궁금한 분들도 있을 것입니다. 일부 사람은 이미 자신의 수면을 악화시키는 행동에는 어떤 것이 있는지에 대해 생각해 왔을 겁니다. 사실 제가 만난 대부분의 불면증 환자는 저를 만나기 전에 이미 여러 가지 관련된 내용을 조사해 보고 옵니다. 그러나 낮에 한 일 중 밤이 되었을 때 자신에게 영향을 미칠 수도 있는 일들을 살펴보는 것은 여전히 중요합니다. 건강한 생활양식을 가지고 있으면서도 여전히 불면증이 문제가 되는 경우도 있겠지만, 당신이 하는 행동 중 일부는 스스로 생각했던 것보다 수면에 더 큰 영향을 미쳐 왔을 가능성이 있습니다. 따라서 시간을 내어 다음의 내용을 끝까지 읽어 보길 바랍니다. 자신의 일지를 통해 수면을 악화시켜 온 생활양식 패턴을 확인할 수 있을 것입니다. 이번 주 동안, 당신은 낮 동안의 행동과 침실 안팎에서의 행동 모두에 있어 변화를 시도해 볼 것입니다.

당신이 낮에 하는 일

카페인

사람들은 대부분 카페인이 각성제이며 정신을 더욱 말짱하게 만든다고 알고 있습니다. 이것이 바로 우리가 아침에 제일 먼저 카페인을 섭취하는 이유입니다. 전국의 수많은 커피숍은 우리 모두가 얼마나 커피의 맛과 그것이 제공하는 정신적 흥분을 좋아하는지를 증명합니다. 당신 주위에는 짜증이 날 정도로 잠을 잘 자면서도 여전히 커피와 차를 많이 마시는 친구들도 있을 것입니다. 그러나 당신이 불면증(우리가 잘 못 자거나 선잠을 자는 경향에 관해 한 이야기를 기억하기 바랍니다)을 가지고 있다면 카페인은 당신을 잠 못 이루게 할 수 있습니다.

자신이 마시는 차나 커피의 잔 수뿐만 아니라 카페인이 숨겨져 있는 몇 가지 제품에 대해서도 생각해 볼 필요가 있는데, 여기에는 진통제, 다양한 청량음료, 다크초콜릿 등이 포함됩니다. 다음 표에 몇 가지 일반 음료와 음식에 함유된 카페인의 양이 나와 있습니다(http://cspinet.org/eating-healthy/ingredients-of-concern/caffeine-chart 참고).

표 3-1 **섭취물별 카페인의 양**

섭취물	카페인의 양(mg)
에스프레소 싱글 샷(커피전문점의 커피)	100mg(80~175mg)
큰 머그잔에 내린 커피	95mg
(3분간 끓인) 차	22~74mg
코카콜라	34~70mg
에너지 음료(예: 레드불)	80mg
디카페인 커피	5~15mg
다크초콜릿	100g당 80~160mg
종합진통제(예: 솔파데인)	한 알당 30mg

지금 당신의 일지를 다시 보십시오. 당신은 언제, 얼마나 카페인을 섭취합니까? 그 일지에 당신이 매일 섭취하는 카페인 함유 음료의 양을 표시하도록 하고 있습니다. 당신은 취침 4~6시간 전에는 카페인을 금해야 한다는 이야기를 들어 보셨을 겁니다. 이는 신체가 화학물질을 제거하는 데 걸리는 시간 때문인데, 여기에 카페인도 포함됩니다.

사람들 대부분에게 카페인의 반감기는 3~7시간입니다. 앞서 설명했듯이, 이는 당신의 몸이 약의 절반을 제거하는 데 걸리는 시간입니다. 그러나 카페인 양의 대부분이 제거되기는 하나 전량이 제거되는 것은 아닙니다. 이는 개인마다 차이가 있어서 우리 중 어떤 사람들은 카페인의 효과에 대해 다른 사람들보다 더 예민합니다. 따라서 7~8시간 동안 효과를 느낄 수도 있습니다. 그러므로 우리가 온종일 섭취한 카페인의 양에 대해 생각해 보는 것이 중요합니다. 만일 당신이 오후 4시에 커피를 네 잔 마셨다면, 당신이 잘 때에도 체내에는 여전히 완전하게 한두 잔의 양이 남아 있는 것입니다. 이것이 일지에서 24시간 전부를 다루는 이유입니다.

자신의 일지를 보았을 때 매일 일정량 이상의 카페인 음료 소비 패턴이 나타난다면, 아침에 한 잔 이하로 줄이거나 완전히 끊고 카페인이 없는 음료로 대체할 것을 추천합니다. 카페인을 끊기로 결심했다면, 중단 후 3~4일간은 두통 발생 가능성이 높다는 점을 알아 두기 바랍니다. 이는 경미한 금단 효과이지만 곧 괜찮아질 것입니다. 다음 주에도 계속해서 당신의 일지에 카페인 음료에 대해 적어 주시겠습니까?

알코올

셰익스피어는 다음과 같이 썼습니다.

"나리, 술은 딸기코, 잠, 소변…… 이 세 가지를 특히 자극합니다요. 색욕은 말입니다. 나리, 자극하기도 하고 자극하지 않기도 합니다. 욕정은 일으키지만 정작 성적 능력은 없애 버리니까요."

알코올은 확실히 조금 더 빨리 잠들 수 있게 해 주지만, 문제는 그 이후 한밤중에 발생합니다. 알코올은 체내에서 빠르게 분해된 후, 한밤중에는 체내에서 사람들 대부분에게 생생한 꿈을 꾸게 하고 선잠을 자게 만드는 역할을 합니다. 또한 코골이를 악화시키고, 종종 화장실에 가기 위해 깨어나게 만듭니다. 따라서 알코올을 규칙적으로 복용하여 잠을 청하겠다고 하는 것은 불면증이 있는 경우라면 특히 좋지 않은 생각입니다. 이는 의존성 외에도 다른 여러 가지 건강 문제를 유발하기 때문입니다. 자신이 이번 주에 술을 얼마나 마셨는지 헤아려 보시기 바랍니다. 아주 조금일 수도 있지만, 만일 당신이 취침시간 즈음에 서너 잔 이상 마시고 있다면 치료를 받는 동안에는 한 잔으로 줄이거나 아예 마시지 않으면 좋을 것 같습니다. 한밤중에 깨어나는 이유가 바로 술 때문일 수 있기 때문입니다.

니코틴

만성적인 흡연자들은 담배가 긴장을 풀어 준다고 느끼기 때문에 취침 전에 습관적으로 담배를 피우는 경우가 많습니다. 그러나 니코틴 자체는 자극제이기 때문에 하지불안을 오히려 악화시킬 수 있습니다. 당신이 지금 흡연을 하고 있으나 끊고 싶지는 않다면, 적어도 취침 2시간 전에 마지막 담배를 피워야 하며 한밤중에 깨어났을 때에는 흡연을 해서는 안 됩니다.

운동

   신체적인 건강 유지가 중요한 이유는 여러 가지이나, 대부분의 사람은 수면에 고강도 운동이 도움 될 것이라는 생각을 하지 못합니다. 고강도 운동이란 숨이 차고 땀이 나는 운동을 말합니다. 간단히 설명하자면 운동을 하면서 완전한 문장을 끝까지 쉽게 말할 수 있느냐의 여부에 달려 있습니다. 만일 당신이 어떤 운동이든 열심히 하는 도중이라면 말할 때 전체를 쉽사리 끝맺지 못하고 땀도 날 것입니다. 이는 고강도 수준을 간단하게 측정하는 방법입니다. 지난주 일지에서 당신의 운동 수준을 확인해 보기 바랍니다. 우리는 대부분 실제 가능한 것보다 더 여러 번 헬스클럽이나 운동 수업에 가겠다고 계획하고는 합니다! 그러나 연구에 의하면 고강도 운동은 만성불면증을 포함한 수면 문제에 효과가 있습니다. 저녁 마지막 2시간 내의 운동만 피한다면, 낮에 언제 운동하는가와 어떤 운동을 하는가는 중요하지 않습니다. 최소한 20~30분 동안 심장박동이 빨라지고 숨이 차게 하는 것이라면 어떤 운동이든 당신의 수면에 좋은 영향을 미칩니다. 더 빨리 그리고 더 깊고 개운한 잠을 이루는 데 이러한 운동이 도움 될 것입니다. 우리는 모두 일주일에 150분 정도 운동을 해야 합니다. 따라서 만일 당신이 이 정도의 운동을 하지 않고 있다면, 하루 중 언제 운동을 할 수 있을지에 대해 생각해 보기 바랍니다. 심장박동수를 높이면서 자신에게 잘 맞는 운동이라면 어떤 운동이든 상관없다는 점을 기억하기 바랍니다. 운동 직후 각성이 높아지는 느낌이 들 수 있지만, 결국에는 더 잘 잠들 수 있을 것입니다. 운동 강도를 측정하는 방법에 대해 더 많이 알고 싶다면, 부록을 보기 바랍니다.

침상에 들 준비하기

침실 그 자체

이에 대해 어떤 사람들은 아주 복잡하게 생각합니다. 사실, 침대
와 침실 주변에 대한 지침은 아주아주 간단합니다. 여기서는 세 가
지로 말하겠습니다.

시원하고, 어둡고, 조용한

그간 생체시계와 수면-각성 사이클 설정에 있어서 빛이 얼마나
중요한 역할을 하는가에 대해 여러 차례 이야기했습니다. 우리는
모두 일정 시간 이상 밖으로 나가서 자연광을 쬐어야 합니다. 사실
많이 쬘수록 더 좋습니다. 직장/학교를 오고 가는 것뿐 아니라 점
심 휴식 시간에라도 외출을 하면 생체시계를 더 정확하게 설정할
수 있습니다. 하루가 끝날 즈음 침실은 어두운 것이 좋고, 가능하다
면 완전히 깜깜한 것이 가장 좋습니다. 가로등, 아동용 야간등, 그
외 불빛들이 이를 어렵게 만들 수 있지만, 빛을 차단할 수 있는 간
단한 방법으로 수면 안대 또는 암막 블라인드가 있습니다. 물론 소
음은 때때로 누군가의 수면을 방해할 수 있습니다. 따라서 외부 소
음이 심하다면, 말랑한 왁스 귀마개로 조금이나마 소음을 줄일 수

있을 겁니다. 놀랍게도, 연구에 따르면 소음 자체가 불면을 일으키는 것은 아닙니다. 당신이 잘 자던 시절을 떠올려 보면, 그때는 밤에 들리는 소음에 덜 민감했음을 기억할 수 있을 겁니다. 당신이 불면증을 가지고 있다면 훨씬 더 경계심이 커지고 전반적인 것들에 주의가 끌리게 됩니다. 당신의 뇌는 좀 더 민감한 상태로 소음에 더 집중하게 됩니다. 이러한 집중 상태가 종종 소음보다 더 문제가 되는 것입니다.

　침실 주변에 대한 미신에 잠시 태클을 걸어 보겠습니다. 매트리스 또는 베개를 바꾸거나 허브향을 뿌린다고 수면에 변화가 생기는 것은 아닙니다(물론 광고의 영향으로 당신은 이와 다른 생각을 가지고 있을 수도 있습니다만). 만일 당신의 침실이 시원하고 어둡고 조용하다면 자신이 할 수 있는 부분에서 아주 잘하고 있는 것이며, 수면에 큰 변화를 가져올 다른 사항들에 대해서는 앞으로 알려 드릴 것입니다.

　만일 당신이 잠을 잘 못 잔다면, 침실에 시계를 두는 것 역시 좋은 생각이 아닙니다. 새벽 2시 34분에 시계를 보고 한참을 기다렸다가 다시 시계를 보니 겨우 2시 37분임을 확인했을 때 기분이 좋아질 사람은 없습니다! 사실 사람들은 아침까지 남은 시간을 카운트다운하기 시작하면 매시간이 지나면서 점점 불안이 커진다고 이야기합니다. 그러므로 시계를 치우십시오. 안 보이고 손에 닿지 않는 곳, 이상적으로는 완전히 침실 밖에 두는 것이 좋지만, 그래도 기상을 위해 알람이 필요하다면 문 근처에 놓아 두세요. 긍정적으로 결심하고 시계를 그만 보십시오. 이는 사소한 일일 수 있습니다만, 정말 도움이 될 것입니다. 그리고 물론, 스마트폰이 시계 기능을 가지고 있다면 이 역시 포함됩니다. 스마트폰, 노트북, 태블릿 등은 시계 기능만 갖고 있는 것이 아닙니다. 그것들은 당신이 깨어 있는 동안 하게 되는 이메일, 사진, 문자, 작업 등을 포함하고 있습니다. 깨어 있는 동안의 삶을 침실로 들이지 않았으면 합니다.

당신은 침실에 자러 갑니까? 어리석은 질문 같지만 어떤 사람들은 침실을 취침 이외의 용도로 사용하기도 합니다. 밤이 길고 침대에서 잠이 올 것 같다는 생각이 들지 않으면, 침대와 침실에 대한 마음가짐 자체가 달라질 수 있습니다. 오랜 시간 잠들지 않고 깨어 있게 되면, 침대에서 TV를 본다거나 독서를 하거나 뜨개질을 하거나 스도쿠[2]를 하는 등, 깨어 있는 동안 하던 일들을 점차 하게 될 것입니다. 잠 못 드는 고통을 달래는 데 좋은 아이디어라 느껴질 수 있습니다만, 사실상 이는 침대는 깨어 있어야 하는 곳이라고 강화하는 것과 마찬가지입니다. 간단히 말해서, 침대는 취침용으로만 사용되어야 하며 낮 시간의 활동을 그곳에서 해서는 안 됩니다. 특히 노트북, 휴대폰, TV 등의 광원은 침실 밖에 두어야 합니다.

저는 침실을 일컫는 독일어를 좋아하는데, 'schlafzimmer', 즉 문자 그대로 '잠자는 방'이라는 뜻입니다. 당신의 침실이 잠자는 방이 되도록 하고, 다목적 방이 되지 않도록 해야 합니다. 여기서 다룬 사례 중 지훈 씨의 이야기를 보면, 그가 소파에서 잠들었다가 머리가 아프거나 목이 뻐근해서 잠에서 깨곤 한다는 것을 확인할 수 있었습니다. 따라서 결국 TV를 보던 소파가 그에게는 침대가 된 것입

---

2) 역자 주: 스도쿠는 9×9칸에서 진행되는 숫자퍼즐 게임이다. 미국의 건축가 하워드 간즈가 1979년 소개했으며, 1984년 일본에서 스도쿠라는 이름으로 대중화되었다.

니다. 침대와 수면 간의 연관이 약해지자 문제는 더욱 악화되었습
니다(이는 지속요인의 좋은 예입니다. 우리가 잠이 안 와서 힘들 때 하는
일들이 잠깐 도움이 되는 듯하다가 결국 문제의 일부가 되어 버리는 것이
기 때문입니다). 제2부에 소개한 그림을 다시 참고하시기 바랍니다.

취침 전 휴식시간

당신이 잠을 잘 이루던 때를 돌이켜 생각해 보면, 일상적으로 잠
들기까지 과정이나 긴장을 푸는 것 등에 대해 실제로 그다지 어려
움을 느끼지 않았을 것입니다. 당신은 졸리다 싶으면 재빨리 침상
에 들었을 것입니다. 특히 야근을 하거나 집에서 공부 또는 일을 하
는 경우, 당신이 취침 30~60분 전에 무슨 일을 하는지에 대해 생각
해 볼 필요가 있습니다. 일을 하거나 다음 날 해야 하는 일에 대해
생각하고 걱정하면 머리가 복잡해지고 지나치게 각성될 수 있습니
다. 모든 업무 관련 활동을 적어도 취침 1시간 전에는 접어 두는 것
이 중요합니다. 어떤 사람들은 다음 날 해야 할 중요한 일들을 초저
녁에 짧은 목록으로 작성하는 것이 도움이 된다고 합니다. 다음 날
의 계획 세우기를 마무리해 두면 취침 전에 즐길 만한 다른 일을 할
수 있게 됩니다. TV를 시청해도 음악을 들어도, 또는 낱말 맞추기
를 해도 좋을 것입니다. 당신이 편안하게 쉴 수 있으면서 낮의 주요
활동과는 전혀 관련 없는 일이라면 어떤 것이든 좋습니다.

이미 이 모든 생활양식 관련 요인에 대해 생각해 본 바가 있다 하
더라도, 앞서 다룬 생활양식 요인에 대한 향후 5주 동안의 목표를
다음의 표에 다시금 적어 보기 바랍니다. 당신은 수면일지를 계속

작성하면서 스스로를 점검할 수 있을 것입니다. 다음 주에 향상시
키고자 하는 생활양식 요인을 하나 선택하는 것이 가장 쉬울 것입
니다(예: 일주일에 적어도 3~4회 헬스클럽에 다시 가는 것). 당신이 이
것을 정확히 어떻게 할 것인지에 대해 미리 생각해 보기 바랍니다.
예를 들어, 퇴근 후 친구를 만나 헬스클럽에 같이 가는 계획을 하거
나, 직장에서 매번 승강기를 타는 대신 계단을 걷겠다고 계획할 수
있을 것입니다. 이렇게 당신은 일주일 동안의 낮과 밤을 계획할 수
있습니다.

표 3-2   생활양식 요인과 목표 설정하기

생활양식 요인	(일지에 기반을 둔) 현재	다음 주 목표	해야 할 일
담배			
운동 시간			
카페인			
알코올			
취침 전			
침실의 침대 정리			

2주 요약 – 수면위생

이제 수면일지를 보면서 자신의 수면과 취침에 영향을 미치는 낮 동안의 활동에 대해 점검할 수 있을 것입니다. 이번 주에 낮 동안의 활동을 향상시키는 계획을 세울 수 있으며, 이후 이런 좋은 습관을 유지해 나가면 됩니다. 낮 동안의 생활과 습관을 개선하는 것 외에 당신은 또한 침실 자체를 취침에 좋은 환경으로 유지해야 하며, 준비가 잘 되었을 때 휴식을 취하고 낮 동안의 일들을 제쳐 둘 수 있어야 합니다.

3주: 수면시간 계획 – 새로운 수면패턴 만들기

이번 주 내용은 다소 무겁게 느껴질 수 있지만 매우 중요합니다. 왜냐하면 당신의 수면패턴을 리셋하여 큰 변화가 생길 것이기 때문입니다. 이번 한 주 동안 시행해야 할 몇 가지 주요 변화가 있습니다. **자극통제와 수면제한**이라 불리는 두 가지 기법을 활용하는 것이 핵심입니다. 처음에는 어렵게 느껴질 수 있지만, 이 프로그램에서 매우 중요한 부분임을 명심하십시오. 대부분의 참가자는 이 기법이 효과적이라고 보고하였습니다. 수많은 수면연구에서도 이 기법들은 치료의 가장 중요한 부분으로 밝혀졌고 최신 치료지침서에서도 모두 추천하는 내용입니다. 이 기법을 어떻게 적용하는지 이해하기 위해 사례를 읽어 보셔도 좋습니다('유진 씨 사례' 참조).

우선, 전체 수면시간을 측정해야 합니다. 지난 일주일을 되짚어 봅시다. 우선 매일 밤마다 다르다는 점이 눈에 띌 것입니다. 유진 씨가 이 프로그램에 처음 참여했을 때 작성했던 것을 살펴보면 도움이 될 것입니다.

유진 씨의 1주 차 수면일지

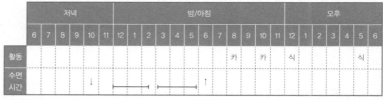

소등시간 밤 9시 50분　　　　　　　　　　　　　　　총 수면시간 5시간 30분

	저녁						밤/아침												오후						
	6	7	8	9	10	11	12	1	2	3	4	5	6	7	8	9	10	11	12	1	2	3	4	5	6
활동															술				화		카	카		식	
수면시간							↓	⊢―⊣		⊢⊣			↑												

소등시간 밤 11시 00분　　　　　　　　　　　　　　　총 수면시간 1시간 30분

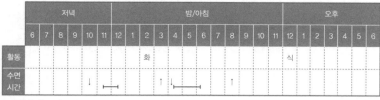

소등시간 밤 8시 30분　　　　　　　　　　　　　　　총 수면시간 6시간

소등시간 밤 10시 10분　　　　　　　　　　　　　　　총 수면시간 2시간 30분

　　유진 씨가 한 것처럼, 먼저 7일 동안의 수면시간들을 모두 더한 후 7로 나누어 평균 총 수면시간(TST)을 구합니다. 그다음, 침상에서 보낸 시간들을 모두 더한 후 다시 7로 나누어 총 침상시간(TIB)을 구합니다. 그리고 총 수면시간을 총 침상시간으로 나누어 수면

효율을 계산합니다. 유진 씨 사례를 보면, 그녀의 평균 총 수면시
간은 4시간(또는 240분)이며, 평균 총 침상시간은 7.5시간(또는 450
분)입니다. 따라서 수면효율은 250/450으로 계산하면 55%가 나옵
니다.

$$\text{수면효율} = \frac{\text{평균 총 수면시간(TST = 240분)}}{\text{평균 총 침상시간(TIB = 450분)}} = 55\%$$

수면계획을 세울 때 이 수치를 적어 둡니다. 이것이 의미하는 바
는 뭘까요? 이것은 밤 동안 실제로 잠들어 있는 시간이 얼마나 되
는지를 말해 주는 수치입니다. 이 수치의 정상 범위를 살펴봅시다.
매일 밤 똑같지는 않지만 일주일 동안 평균을 내 볼 때, 대부분의
성인은 85% 이상의 수면효율을 기록합니다. 즉, 그들은 침상에서
대부분 잠든 채 밤을 보냅니다. 예를 들어, 보통의 성인은 11시 정
도에 침상으로 가서, 11시 30분 정도에 잠이 들며, 밤중에 잠깐 두
세 번 깰 수는 있지만, 아침 7시에 알람이 울릴 때까지 잠을 잡니
다. 그러나 불면증 환자의 경우 수면효율이 낮고 깨어 있는 시간이
훨씬 많습니다. 수면시간 측정을 하게 되면, 치료 기간 동안 수면시
간을 반복 측정함으로써 당신의 시도가 얼마나 효과적인지를 확인
할 수 있습니다. 앞서 침상과 수면 사이의 연결이 중요하다고 말씀
드린 것을 기억하고 있을 것입니다. 침상에서 깨어 있는 채 보내는
시간이 많아질수록 이 연결이 약해지며, 좌절감은 커집니다. 침상
에서 어떻게 느끼고 행동하는지가 불면 증상에 큰 영향을 미칩니
다. 유진 씨와 지훈 씨는 둘 다 잠을 제대로 자지 못하는 것에 대해

좌절하고 분노했습니다. 그들은 잠들기 위해 무척 노력하였는데, 이렇게 노력한 것이 오히려 상황을 악화시키며 문제의 일부가 되었습니다.

침상과 수면 간 연결성을 강화하기

이제 두 가지 새로운 기법, 즉 수면제한과 자극통제를 살펴보겠습니다. 이 기법들은 침실에 있을 때 잠들 수 있도록 도와줍니다. 이 기법들은 침상과 수면 간 연결성을 강화시키고, 당신의 수면-각성 시스템을 리셋해 줄 것입니다.

첫째, 수면일지를 보고, 빨리 잠드는지 아니면 잠들 때 시간이 오래 걸리는지를 확인하십시오. 자려고 할 때 졸립니까? 이 질문이 엉뚱한 것 같지만, 많은 불면증 환자는 "아니요."라고 답합니다. 불면증이 수개월 이상 지속되는 심각한 문제가 되면, 사람들은 취침시간 무렵에 졸린 느낌이 무엇인지를 거의 잊어버리게 됩니다. 이 때 다른 시간대에 잠자리에 들려 하거나 잠을 더 일찍 청하게 됩니다. 사람들은 이런 식으로 생각합니다. '만일 잠드는 데 한 시간이 걸린다면, 한 시간 더 일찍 잠자리에 든다면 원하는 시간에 잠들 수 있겠지' 사실 이렇게 하면 상황이 나아지지 않고 더욱 악화됩니다. 당신은 침상에서 깨어 있는 채 더 오랜 시간을 보내게 되고, 침상과 수면 간 연결성은 더 약화되거나 소멸되어 버립니다. 침상은 말똥말똥한 채로 깨어 있는 공간이 되며, 당신은 이완되고 잠에 빠져드는 대신 오히려 좌절감만 더 느끼게 됩니다. 그 결과, 사람들은 잠이 안 올까 봐 자러 가는 것을 두려워하는 지경에 이릅니다. 환자들은 잠을 못 자며 "몇 시간 동안 숫자를 세요……." "또 뜬 눈으로 밤을 새우죠……."라고 말합니다. 결국 수면과 취침시간은 모든 정신을 집중해야 하는 과제처럼 되어 버립니다.

이제 우리는 침상과 수면 간 연결성을 강화할 필요가 있으며, 침실에서 너무 오래 깨어 있는 것을 그만두어야 합니다. 몇 가지 구체적인 지침이 있습니다.

- 매일 밤 졸릴 때만 침상에 드십시오. 졸리다는 건 피곤하거나 지루한 것과는 다릅니다. 즉, 매우 졸려서, 눈꺼풀이 내려가고 하품이 나오는 바로 그 순간까지 기다려야 합니다. 수면의 변동성으로 인해 어떤 날은 다른 날보다 훨씬 더 늦게 졸릴 것입니다. 잠을 잘 잤다 해도, 매일 밤 같은 시간에 잠자리에 들지 않을 수도 있습니다.
- 수면일지를 보시면, 어떤 날에는 침상에 들었지만 잠을 자지 못하거나 매우 오랫동안 깨어 있는 것을 확인할 수 있습니다. 따라서 이제부터 새로운 규칙을 설정합니다. 만일 빨리 잠들지 않는다면 차라리 일어나서 다른 방으로 가고, 졸릴 때에만 다시 침실로 가는 것입니다. 만일 당신이 꼬박 샌 채 밤을 보낸다면 이것은 특히 중요합니다. 밤을 꼬박 새고 초조한 상태에서는 심장박동과 아드레날린 수준이 상승합니다. 그러면 당신은 더 각성된 느낌을 받게 됩니다. 따라서 그 초조감을 침실 밖으로 쫓아내는 것이 중요합니다.

그런데 여기에는 계획이 필요합니다. 잠들지 못해 다른 곳으로 갈 때 어디로 갈지 생각해 두어야 합니다. 그곳은 따뜻하고 안락하며, 낮이나 이른 저녁에 사용하는 전등이 아닌 야간등과 같은 저조도의 조명이 있으면 좋습니다. 취침시간 전에 미리 근처에 책이나 신문, 잡지를 놓아두거나 음악을 준비해 두십시오. 뇌를 각성시키는 조명 수준을 피하기 위해 TV나 전자기기 화면은 안 보는 것이 좋습니다. 따라서 독서, 음악 감상, 낱말퍼즐 등 쉽게 할 수 있는 것을 하십시오. 너무 활동적이어서 뇌를 각성시키는 것은 좋지 않습니다. 그런 것들은 낮 동안에 하십시오.

그리고 밤에 깨어 있을 때도 계획이 있어야 합니다. 정말로 졸리고 눈꺼풀이 무거울 때에만 침상에 들어야 합니다. 그리고 졸릴 때 침상에 있듯이 졸리지 않을 때는 일어나 있어야 합니다. 이것을 '15분 규칙'이라고도 하는데, 15분 이상 깨어 있다면 누워 있지 않는 것입니다.

- 낮 동안에는 침실에서 벗어나 있으십시오. 침상과 밤 수면 간 연결성을 강화하기 위해서 침상에서 낮잠은 피해야 합니다. 낮 시간은 깨어 있어야 하는 시간이며, 만일 낮 동안에 잠을 잤다면 밤에는 덜 졸리는 것이 당연합니다. 만일 낮 동안 너무 심하게 졸린다면 불면증 이외의 수면장애를 점검해 볼 필요가 있습니다(제2부 참고).
- 침상은 수면을 위한 것입니다. 이것은 2주 차에 다룬 내용이지만 다시 한번 강조합니다. 독서, TV, 스마트폰, 컴퓨터 등 낮 시간의 모든 활동은 침실 밖에서 이뤄져야 합니다. 혹시 이런 활

동을 침실에서 하고 있는지 확인해 보십시오. 참고로 성관계는 예외입니다. 성관계는 수면을 도와주는 경향이 있습니다.

수면시간 제한하기

이제 수면효율을 살펴봅시다! 잠을 잘 자는 사람들은 높은 수면효율을 보입니다. 당신의 총 수면시간을 살펴보고, 85% 이상의 수면효율을 달성하기 위해 필요한 총 수면시간을 계산해 보길 바랍니다. 예를 들어, 유진 씨의 수면일지를 보면, 그녀가 85% 이상의 수면효율에 도달하려면 수면시간이 적어도 5시간 30분은 되어야 합니다.

이제 다음 한 주 동안 당신의 기상시간 및 취침시간을 정해야 합니다. 우선 언제 일어날지부터 생각해 보겠습니다. 이 시간은 정해져 있어야 하며, 일주일 내내 같은 시간으로 정해야 합니다. 이 시간을 넘기지 않도록 합니다. 당신에게 알맞은 시간으로 정하는 것이 중요합니다. 당신이 잠을 잘 자고 일어나면 보통 몇 시 정도 입니까? 너무 늦은 시간으로 정하지는 마십시오. 25세 이상 성인 대부분은 오전 6~8시 사이에 기상합니다.

유진 씨의 경우 오전 6시에 기상하기로 결정하였습니다(127페이지). 기상시간을 정하면 기록해 두고 한 주 동안 반드시 지켜보십시오. 필요하다면 시계 알람을 맞춰 놓고 주말에도 지키십시오. 기상시간은 주중이나 주말이나 같은 시간이어야 합니다. 잠을 잘 자는 사람은 안정된 수면패턴을 가집니다. 당신도 수면시간뿐 아니라 생체시계를 안정되게 유지할 필요가 있습니다.

다음으로 취침시간을 정하겠습니다. 밤 시간 내내 잠들 수 있도록 취침시간을 잘 골라 정해 봅시다. 유진 씨의 경우 0시 30분으로 정했습니다. 이것은 다소 늦은 시간 같지만, 취침시간을 정하는 목적은 수면을 리셋하고 수면공백을 줄이려는 것입니다. 다소 어렵게 느껴지긴 하겠지만, 이렇게 하면 수면효율이 증가하고 좌절감은 줄어들 것이고 침실과 수면 간의 연결성을 강화시킬 수 있습니다. 그리고 당신은 좀 더 푹 자고 개운하게 일어날 수 있을 것입니다. 참고로, 앞으로도 계속 이 패턴을 지켜야 한다는 뜻은 아닙니다. 시스템을 리셋하기 위해 잠깐 동안 이렇게 해 보는 것입니다. 컴퓨터를 껐다가 새로 켜는 것처럼 수면을 리셋하는 것이라 생각하면 됩니다.

침상에 늦게 들기 위해서는 몇 가지 계획이 필요합니다. 식구들이 있는 경우, 그들을 깨우지 않을까 또는 그들의 생활리듬을 방해하지 않을까 걱정할 수 있습니다. 너무 심심하지 않을 정도로 시간을 보내기 위해 필요한 것을 생각해 보면 좋습니다. 격렬하거나 자극적이지 않은 활동, 예를 들어 빨랫감을 개거나 도시락을 싸는 것과 같은 활동 시간을 만들어도 좋습니다. 독서나 라디오 듣기, 오디오북, 팟캐스트도 좋습니다. 초저녁까지의 TV 시청은 문제가 되지 않지만, 한밤중에는 TV나 여타의 밝은 빛이 나는 화면을 피하는 것이 좋습니다. 뜨개질, 낱말풀이, 잡지, 퍼즐 등도 좋습니다. 당신이 좋아하는 것을 찾아보십시오. 케이크 만들기 같은 것은 추천하지 않으며(오븐 타이머에 얽매일 수 있습니다), 독서를 한다면 업무 관련 문서나 공포물은 피하십시오. 신문이나 잡지 등 짧은 글이 가장 좋

습니다. 일반적인 취침시간보다 한참 후에 취침하려고 한다면 이
런 식으로 소일거리를 미리 계획해 둘 필요가 있습니다. 그리고 수
면제한 중에라도 침상시간을 5시간 이하로 줄이지는 마십시오. 5시
간 이하는 대부분이 지키기 어렵고, 낮 동안에 졸림을 유발하거나
안전운전에 방해가 되기도 합니다.

이 규칙들을 요약하면 다음과 같습니다.

- 새롭게 정한 취침시간에 침상에 드십시오. 더 이른 시간에 침
  상에 들어서는 안 되고, 정말로 졸릴 때 침상에 들어야 합니다
  (단지 피곤한 정도가 아니라 눈꺼풀이 무거운 느낌이 들 때입니다).
- 빨리 잠이 들지 않거나 밤에 깨어 짜증나거나 너무 각성될 때
  엔 일어나서 다른 방으로 가십시오(대략 15분 정도 또는 긴 시간
  처럼 느껴질 때입니다. 필요하다면 일어났을 때를 대비한 계획을 미
  리 세웁니다).
- 매일 정해진 시간에 기상하십시오(시계 알람을 설정해도 좋습니
  다. 시계는 방문 옆 같은 곳, 즉 소리는 들리지만 보이지는 않는 곳에
  두십시오).
- 이후 7일 동안 똑같이 하십시오(수면일지를 작성하며 수면계획
  을 어떻게 실천하는지 확인하십시오).

이제 새로운 수면계획에 따라 다음 표의 빈칸을 채워 봅시다. 당
신이 작성한 7일간의 수면일지를 참고하며 새롭게 설정한 시간으
로 기록해 보십시오.

표 3-3　수면시간 제한하기 중 수면계획

취침시간 설정	
기상시간 설정	
잠이 깨거나 잠들지 못할 때 갈 곳	
잠이 깼을 때 할 수 있는 활동	

　프로그램 중 수면시간 제한 부분에 대해 걱정하거나 거부감을 갖는 분들이 많습니다. 그러나 이는 자연스러운 것입니다. 침실 밖으로 나오라는 말이 잔인하게 느껴질 수도 있지만, 이것은 시스템을 리셋하는 과정의 일환입니다. 컴퓨터를 재시작한다고 생각하십시오. 철저하게 점검해야만 수면공백을 제거할 수 있습니다. 이렇게 하면 당신은 좀 더 안정적으로 잘 수 있게 됩니다. 인간의 뇌가 수면을 조절하는 방식에 대해선 앞에서 설명한 바 있습니다. 더 오래 깨어 있으면 더 졸리게 되는 항상성이 있습니다. 이 방식으로 침상과 수면 간 연결성을 강화할 수 있습니다. 또한 매일 낮과 밤에 똑같이 하면 생체시계를 정상으로 맞출 수 있습니다. 이 방법은 거슬리는 느낌이 들다가 완전히 잠이 깨는 식의 악순환을 제거하는 데 효과적입니다.

　새로운 계획에 따라 앞으로 7일 동안 꾸준히 수면일지를 작성하십시오. 당신의 진행 상황을 점검할 수 있을 것입니다. 수면일지에는 불을 끈 시간, 불을 켠 시간, 밤에 언제 깼는지, 자리에서 일어났는지 아닌지 등을 기록할 수 있습니다.

　유진 씨의 수면일지(128페이지)를 보면서 수면시간 계획(sleep

scheduling)의 첫 주를 어떻게 진행했는지 살펴보겠습니다. 우선 눈에 띄는 것은 수면공백이 줄어들었다는 것입니다. 여전히 깨어 있을 때도 있지만, 깨어 있는 시간은 짧아지고 수면효율은 점점 좋아지고 있습니다. 이 과정이 결코 쉽지 않았을 것입니다. 침상에서 그녀가 잠을 자는 시간은 더 증가하고 있습니다. 매일 밤 똑같지는 않았지만, 조각잠을 자는 경우는 줄어들고 한 번에 3~4시간 잠을 자는 날이 점차 늘어나고 있습니다.

🛏 3주 요약 – 새로운 수면 시간계획

이번 주 차엔 어떻게 수면효율을 높일 것인지, 즉 침대에 있는 시간을 제한하여 밤중의 수면공백을 줄이고 더 효과적으로 잠을 자는 방법을 배웠습니다. 수면 시간계획에 큰 변화가 시작된 것입니다. 침실에 있는 시간을 줄여 주는 계획이 필요하며, 이렇게 하면 수면과 침상 간 연결이 강화될 것입니다. 앞으로 한 주 동안 최선을 다해 새로운 시간계획을 지켜보도록 합시다.

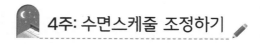

🌙 4주: 수면스케줄 조정하기 ✏️

"그렇지만 너무 피곤합니다. 어찌해야 할까요?"

일주일간 수면제한을 하고 나면, 많은 이가 이런 하소연을 해 옵니다. 침상에 머물 수 있는 시간을 짧게 제한하는 것은 당분간만이라는 점을 꼭 명심하고 버텨 내야 합니다. 이 단계까지 오고 힘든 치료계획을 지켜온 것만으로도 훌륭합니다.

새로운 수면스케줄³⁾에서 당신의 수면효율은 어떠한가요? 이제 일주일이 되었습니다. 전에 했던 것처럼 일주일 동안의 평균을 내 보십시오. 수면 개선을 위해 필요한 주 차에 따른 조정을 하는 데에 있어서 수면일지가 얼마나 중요한지 이제 깨달았을 것입니다. 1주 동안 계속해서 수면효율이 85% 이상이었다면 침상에서의 시간을 15분 늘려도 됩니다. 대부분은 침상에 드는 시간을 앞당기고 싶어 합니다. 예를 들어, 오전 1시 30분에 침상에 들었다면 1시 15분으로 시간을 당기는 것입니다. 하지만 수면효율이 높아진 경우에만 침상 시간을 늘려 갈 수 있다는 규칙을 꼭 따라야 합니다.

이제부터 매주, 수면효율 85% 이상으로 높게 유지되는 경우에 한해 침상시간을 15분씩 늘려 가도록 합니다. 계속해서 거의 매일 빠르게 잠들 수 있어야 합니다. 깨어나는 시간은 계속 고정해 두어야 합니다. 첫 번째 날에 고정해 둔 시간을 지키는 것이 중요합니다.

이제 '침상시간을 15분씩 늘려 가는 것을 언제까지 해야 하는 거지?'라는 의문이 들 것입니다. 이에 대한 간단한 답은 '빨리 잠들지 못하게 되었을 때까지'입니다. 유진 씨가 작성한 4주 차 일지를 통해 세 번째 주보다 15분 일찍 침상에 드는 것으로 수면스케줄을 조정한 예시를 확인할 수 있습니다.

---

3) 역자 주: 수면스케줄은 수면 시간계획과 동일한 의미이며, 읽기 편하도록 편의상 스케줄이란 영어 표현을 그대로 사용하였다.

4주 차 유진 씨 수면일지

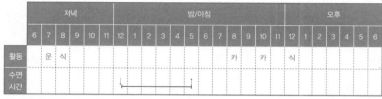

소등시간 밤 <u>12시 15분</u>   총 수면시간 <u>5시간 30분</u>

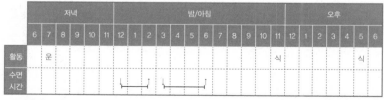

소등시간 밤 <u>12시 15분</u>   총 수면시간 <u>5시간</u>

소등시간 밤 <u>12시 15분</u>   총 수면시간 <u>4시간 15분</u>

소등시간 밤 <u>12시 10분</u>   총 수면시간 <u>5시간</u>

표 1

	저녁						밤/아침												오후					
	6	7	8	9	10	11	12	1	2	3	4	5	6	7	8	9	10	11	12	1	2	3	4	5	6
활동		운												카							식			식	
수면시간							├─────────────┤																		

소등시간 밤 <u>12시 00분</u>　　　　총 수면시간 <u>6시간</u>

표 2

	저녁						밤/아침												오후					
	6	7	8	9	10	11	12	1	2	3	4	5	6	7	8	9	10	11	12	1	2	3	4	5	6
활동	식	운												카			식								
수면시간							├────────────↑																		

소등시간 밤 <u>12시 00분</u>　　　　총 수면시간 <u>5시간 30분</u>

표 3

	저녁						밤/아침												오후					
	6	7	8	9	10	11	12	1	2	3	4	5	6	7	8	9	10	11	12	1	2	3	4	5	6
활동		운												카							식			식	
수면시간							├───────┤　├──↑																		

소등시간 밤 <u>12시 15분</u>　　　　총 수면시간 <u>5시간 30분</u>

유진 씨가 작성한 코멘트

- "준우에게 감기 기운이 있어서 잠깐 어려움도 있었지만 이제 다시 스케줄을 따라가기 시작했다."
- "내 수면효율은 계속 높게 유지되고 있고(89%), 침상에 드는 시간을 15분씩 앞당겼고, 졸릴 때 침상으로 향하는 일이 좀 더 쉬워졌다."
- "6시 기상시간을 지키면서도 6시간이나 침상에 누워 있을 수 있다니. 완전 여유!"

앞으로 한 주 동안은 '침상에 머물 수 있는 정해진 시간을 지키고 잠에서 깰까 말까 할 때 바로 침상을 벗어나야 한다'는 엄격한 규칙을 꼭 지켜 줄 것을 당부 드립니다. 이제 일지를 적는 동시에 주 차별 기록도 남겨 봅시다. 기록을 남겨 두면 수면을 개선하고자 하는 동기를 진작시키는 데에도 도움이 될 것입니다. 처음에 적었던 목표들을 다시 꺼내 보는 것도 도움이 될 것입니다. 매일 꼭 일지를 적고, 2주 차에 얘기한 바람직한 낮 시간 습관을 지켜 가면서 3주 차에 정한 수면스케줄도 따르도록 합니다.

🛏 4주 요약 – 수면스케줄 조정

이제까지 여러 가지 내용을 다뤘습니다. 첫 번째 주에는 수면일지를 적기 시작했고 두 번째 주에는 자신의 생활방식을 둘러보면서 수면에 영향을 끼치는 낮과 밤의 활동이나 조건들이 무엇인지 알아보았습니다. 세 번째 주에는 당신이 따라야 하는 난이도 높은 수면스케줄을 소개했습니다. 네 번째 주는 이제까지 배운 방식과 스케줄을 빠짐없이 지켜 나가는 데 전력을 다한 한 주였습니다. 정해진 기상시간을 계속 지키고 잠에서 완전히 깬 채로 15분 이상 침대에 누워 있지 않아야 한다는 사항을 명심하고 지키면서 계속 일지를 쓰기 바랍니다. 쉽게 잠이 들게 되었다면 침상에 있는 시간을 늘려 가기 시작할 수 있는 조건이 되기는 하지만, 되도록 3주 차와 똑같이 4주 차 규칙을 고수하는 것이 중요합니다. 그렇게 하면 새로운 수면스케줄을 유지하고 수면을 개선하는 데 도움이 될 것입니다. 그러므로 다음 주까지는 이 규칙들을 계속 지켜 나가기 바랍니다.

5주: 복잡한 생각을 진정시키고 더 쉽게 잠들기 ✏️

이번 주에 우리는 당신이 침대에서 나오지 않고 쉽게 잠드는 데 도움이 될 만한 몇 가지 간단한 기법을 제공할 것입니다. 아마도 왜 이것을 더 빨리 알려 주지 않았는지 궁금해할 수 있습니다. 그 이유는 최적의 수면스케줄을 달성한 후에 적용했을 때 이 기법들의 효과가 가장 좋기 때문입니다. 아마도 이번 주 동안에 당신은 밤중에 조금씩 덜 깨어나고 기분도 덜 언짢아지고 있음을 알게 될 것입니다. 그러나 어떤 사람들은 여전히 각성된 상태로 깨어 있음을 느낍니다. 제2부 50페이지의 그림을 보면, 이러한 복잡한 생각이 불면증을 유지시키는 악순환의 일부분이란 점을 알 수 있을 것입니다.

> 유진: "나는 걱정거리가 아무것도 없고, TV를 보며 앉아 있을 때는 정말 정말 졸려요. 그런데 침대에 딱 올라가기만 하면 마치 불이 번쩍 켜지는 듯한 느낌이 들어요. 머릿속이 여러 생각으로 가득 차고, 엄청 몸은 피곤한데도 마음의 스위치를 끌 수가 없어요."

오랜 시간 동안 환자들은 스위치를 끄는 것이 정말 어렵다고 우리에게 토로해 왔습니다. 그들은 '복잡한 머릿속'에 대해 얘기합니다. 당신 역시 몸이 매우 피곤한데도 마음은 여전히 바쁜 현상을 경험하고 있습니까? 만일 그렇다면 우리는 몇 가지 기법을 동원하여 이 문제를 당신이 해결할 수 있도록 도울 것입니다. 이 기법들을 활

용하면 복잡한 생각을 진정시킬 수 있고 결국 당신의 뇌를 이완시
키고 잠들게 할 수 있을 것입니다.

　침대에 들었을 때 머릿속에 어떤 종류의 생각들이 오갑니까? 침
대에서 기분이 어떻습니까? 아마도 당신은 지난 하루를 되돌아보
거나 내일 계획을 세우고 있을 수도 있습니다. 때로는 몸의 감각에
신경을 쓰면서 심장박동에 귀를 기울이기 시작하다가, 이불이 너
무 덥거나 불편하다고 느끼기 시작할 수도 있겠지요. 긴장이 높아
지고 안절부절못하게 됩니까? 잠 못 드는 것에 대해 걱정하거나,
잠이 안 오는 것 그리고 또 못 자고 난 후 다음 날 얼마나 힘들지에
대해서 생각하지 않으려고 애써 노력하나요? 간단한 게임을 하나
해 보겠습니다. 어떤 방법을 써도 상관없으니, 분홍색 코끼리에 대
해 생각하지 말아 보세요! 그러나 아무리 애쓴다 해도 어떤 형태든
분홍색 코끼리의 이미지가 머릿속으로 파고드는 것을 막을 수는
없을 것입니다. 이런 식으로 아무리 당신이 잠 못 드는 밤에 대해
생각하지 않으려 해도, 생각하지 않으려는 그 생각이 당신을 깨어
나도록 할 것입니다.

> "혼란스러운 마음을 베고 잠들긴 어렵다."
>
> － Charlotte Brontë (1816-1855)

　아마 당신은 내일 해야 할 일들에 대해서 생각할 수도 있고, 또는
낮 동안에 벌어진 일들에 대해 생각할 수도 있습니다. 어쨌든 이렇
게 될 때 우리가 제안하는 기법들을 사용하여 생각을 밀어낼 수 있
다면 좋겠습니다. 이것은 잠자리에 들기 이전에 낮 동안의 일에 대
한 생각과 계획을 미리 치워 버리는 방법입니다. 그러면 이러한 생

각과 걱정을 짊어지고 침대에 오르지 않아도 될 것입니다.

낮일을 치워 놓기

이른 저녁, 적어도 잠드는 시간에서 두세 시간 정도 일찍(예: 한 7시쯤) 15~20분 정도의 시간을 내십시오. 이 작업은 침실 밖에서, 즉 작업 공간에서 해야 함을 명심하십시오. 부엌 식탁에서도 가능하고 서재 같은 곳도 좋습니다. 공책에 연필로 써도 좋고, 일기장을 준비해도 좋습니다. 원한다면 스마트폰이나 컴퓨터의 달력 기능을 활용할 수도 있습니다. 할 일은 단순합니다. 지난 낮 동안에 벌어진 일의 목록을 짧게 만드는 것입니다. 당신이 한 일, 어렵게 해낸 일, 아직 못 해서 마음에 걸리는 일 등 말입니다.

그리고 조만간 해야 할 일들에 대한 목록도 짧게 작성하세요. 아마 세금 납부, 선물 준비하기, 마감기일 맞추기 등이 있을 것입니다. 직장이나 집에서 내일 해야 할 일들에 대해 생각해 보세요. 그리고 할 일들에 대한 계획이나 일의 순서를 적어 놓으세요. 두 개나 세 개 정도 목록을 만들어 보세요. 여기에는 한 달 전체가 아니라 오로지 다음 날에 할 일만 해당됩니다. 따라서 할 일 목록은 짧게 만드는 것이 좋습니다. 일정표를 보고 특별 이벤트가 없는지도 잘 확인하세요. 만일 내일 할 일인지 정확하지 않다면, 내일 적당한 시간에 확인해 볼 수 있도록 일정표나 스마트폰에 표시해 두세요. 그다음 목록들을 훑어보고 나서 내일 있을 일에 어느 정도 통제감이 느껴지면 공책을 덮고 옆으로 치워 두세요. 공책은 항상 같은 곳에 두도록 습관을 들이세요. 잠잘 시간이 되거든, 낮일은 이미 다 치워 놓았고, 이제 마음을 어지럽히는 것들에 대해 다룰 차례가 되었음을 알면 됩니다.

인지통제기법-복잡한 생각을 진정시키기

아마 잠들기 위해 동물의 수를 세는 방법에 대해 들어 보셨을 것입니다. 사실 이 기법은 불면증 환자에게는 그다지 효과가 없는 것 같습니다. 아마도 이 기법이 너무 단순하고 지루해서, 생각이 얼마든지 쉽게 다른 방향으로 내달릴 수 있기 때문인 듯합니다.

제가 알려 드리고 싶은 것은 조금 다른 프로그램입니다. 우리의 목표가 시스템의 재설정임을 기억해 주세요. 당신에게 필요한 것은 동물을 세는 것보다는 좀 더 복잡하면서 실은 지루한 기법들입니다. 생각이 내달리는 것을 막을 정도만큼 조금 복잡한 일을 하면 잠에 쉽게 빠져들 수 있습니다.

이 기법들에 관하여 우선 말씀드리고 싶은 것은 연습이 필요하다는 것입니다. 그리고 몇 가지 선택지를 드릴 것입니다. 몇 가지 선택지가 있으면 밤마다 필요에 따라 기법을 선택해서 사용할 수 있다고 생각하면 됩니다. 우리가 제공할 것은 심상작업, 단어작업 그리고 숫자작업입니다. 침실에 들기 전 낮 동안에 조용한 곳에서 잠깐 시간을 내어 눈을 감고 10~15분 정도 이 기법들을 연습해 보세요. 아마 여러 기법이 다 쉽게 여겨질 수도 있고, 어떤 것이 다른 것보다 더 맘에 들 수도 있을 것입니다. 사람들은 저마다 다르기에 여러 가지 기법을 알려 드리는 것입니다. 솔직하게 말하자면 어떤 기법을 사용해도 상관없으며, 당신이 잘 할 수 있고 집중할 수 있는 것 하나를 고르시면 됩니다. 다음에 침대에 들 때 이 기법을 사용해 보세요. 이 기법들은 인지통제기법이라고 부릅니다. 마음에 대한 통제를 더 잘 할 수 있게 해 준다는 뜻입니다.

• 심상작업

마음속에 쉽게 떠올릴 수 있는 과일 하나, 예를 들어 바나나 같은 과일을 아주 생생하게 떠올려 봅시다. 매우 주의 깊게 그려 보세요. 당신이 본 바나나 중 가장 완벽한 바나나를 상상해 보세요. 노란 선을 타고 흘러 꼭지까지, 그리고 작은 검은 점들이 생기는 것도 떠올려 보세요. 일단 이미지가 완벽하다 싶으면, 그다음 색깔을 바꿔 보겠습니다. 똑같은 과일인데 파란색으로 바꿔 떠올려 봅시다. 천천히, 마치 사진 속 그림처럼 최대한 완벽한 이미지를 떠올려 보세요. 노란 꼭지가 파랗게 된 것을 떠올려 보세요. 다시 완벽해졌다면 또 색깔을 바꿉니다. 아마 여러 가지 색깔을 동원할 필요도 없이 당신은 이미 잠에 빠져들었을 것입니다.

• 단어작업

어떤 사물의 범주, 예를 들어 도시라든지, 과일이라든지, 동물 같은 것을 하나 떠올려 보십시오. 다만 사적인 감정이 너무 관여되지 않는 사물 범주가 좋습니다. 예를 들어, 만약 수의사라면 동물 범주는 배제하는 것이 좋습니다. 만일 미국의 주를 선택했다면, 마음속에 가장 먼저 떠오르는 미국의 주, 예를 들어 캘리포니아를 떠올릴 수 있습니다. 그다음에는 아칸소와 같이 캘리포니아의 마지막 음절 '아'로 시작하는 주를 떠올립니다. 이런 식으로 단어의 마지막 음절로 시작하는 단어를 계속 떠올려 봅니다. 이때 틀려도 상관없으며, 특별한 순서를 고집하지 않아도 됩니다. 이것은 단지 사적인 감정이 개재되지 않은 일련의 단어들을 생각해 내는 단순한 작업입니다. 이렇게 하면 생각이 어떤 하나의 주제에 집착하는 것을 막을 수 있습니다. 단어가 더 이상 떠오르지 않으면 사물의 범주를 바꾸면 됩니다. 그리고 다시 작업을 하다 보면 얼마 지나지 않아 잠에 빠져들어 있을 것입니다.

• 숫자작업

어떤 이들은 수학적 방식으로 생각하는 것에 더 익숙합니다. 만일 당신이 그런 경우라면 이 기법을 사용해 보십시오. 숫자 1,000부터 시작해서 7씩 빼 나가는 것입니다. 993, 986, 979, …… 이런 식으로 계속 7씩 빼 나갑니다. 다시 강조하자면, 틀려도 상관없으며, 숫자작업을 계속해 나가면 됩니다.

잠자리에 들 때 이 중의 어떤 기법들이라도 사용할 수 있으며, 특히 생각이 복잡해지기 시작하거나 잠들지 못하는 것에 대해 신경 쓰이고 초조해지기 시작할 때 이 기법들을 사용하면 좋습니다. 여기서 알려 드리는 방법 대부분은 당신이 수면에 과도하게 집착하는 것을 막아 줄 것입니다. 불면증 환자들은 잠을 잘 자는 것에 매우 집착하지만, 실제로 이것이 문제를 더 악화시키는 중요한 요인이 됩니다. 따라서 우리가 여기서 말씀드린 것들은 당신이 잠에 대해 덜 염려하도록 만들어 줄 것입니다.

점진적 근육이완법

　당신은 침대에 들었을 때 편안함을 느끼나요? 아니면 팽팽하게 긴장됨을 느끼나요? 어떤 사람들은 이완하려고 무척 애쓰지만 잘 안 됩니다. 그들은 근육이 긴장되고, 꿈틀거리고, 뒤틀리는 느낌이 든다고 얘기합니다. 제2부의 [그림 2-3]에서 한 번 이 내용을 다룬 적이 있습니다.

　이를 해결하는 한 방법은 근육긴장을 조절하는 법을 배우는 것입니다. 이완하는 법을 가르친다는 것이 조금 이상하게 들릴 수도 있지만, 실제로 이런 기법을 가르치는 것이 가능합니다. 이완 역시 다른 기술들처럼 배울 수 있으며, 연습을 통해 숙련될 수 있습니다. 이는 마치 자전거를 타는 것과 같습니다. 앞으로 이완하는 간단한 방법을 알려 드릴 텐데, 침대에 누워서 하는 것도 가능합니다. 당신의 몸에 존재하는 주요 근육군을 차례로 긴장시켰다가 이완시키면 근육긴장이 완화되며, 호흡과 심장박동이 안정됩니다.

　처음에 이 연습을 할 때는 침실 밖에서 하는 것이 좋습니다. 방해받지 않는 장소에서 시간을 15~20분 정도 내십시오. 그다음 두세 번 더 연습하고 나면 밤에 침대에서도 이 기법을 사용할 수 있게 됩니다. 구체적인 방법은 이 책의 부록(155페이지)에 제시되어 있으니 참고하십시오.

　부록에는 우리가 환자들에게 이 기법을 가르칠 때 사용하는 내용이 실려 있습니다. 처음 이 자료를 사용할 때, 어떤 사람들은 이것을 직접 녹음하거나 오디오 파일본을 구하고자 했습니다. 좋은 녹음 파일이 이미 몇 가지 나와 있고 158페이지에 녹음 파일에 대한 정보도 실려 있으니 활용하기 바랍니다. 그러나 시간이 지나면서 녹음 파일 없이 혼자 순서를 익혀 실시하면 좋습니다.

🛏 5주 요약 – 복잡한 생각을 진정시키기

이번 주에는 잠을 자려고 누울 때 생기는 복잡한 마음을 진정시키고 긴장을 이완하는 다양한 기법을 제공하였습니다. 사람은 저마다 다르고 각자 맞는 기법이 있을 수 있으므로, 여기서 소개한 것들은 도구라고 생각하시면 됩니다. 매일 밤 다른 도구를 사용할 수도 있을 것입니다. 따라서 마음이 복잡해진다고 느껴지면, 마음이 작동되는 방식을 변화시킨다는 느낌으로 인지통제기법을 사용하여 여러 가지 생각을 가라앉히기 바랍니다. 그러면 쉽게 잠에 빠져 들 수 있을 것입니다. 신체적으로 긴장되는 것에 예민한 사람들의 경우엔 근육이완기법을 사용하여 근육긴장을 해소하고 조절할 수 있습니다. 만일 일부 기법이 당신에게 잘 맞지 않는다 해도 걱정할 필요는 없습니다. 사람들은 대부분 잠을 자러 가거나 밤에 깨어났을 때 도움이 되는 방법이 한두 가지는 있다고 보고하였습니다. 취침시간 전에 다음 날 할 일을 계획하고 치우는 것도 당신에게 통제감을 되돌려 줄 것이며, 끔찍한 밤이 될 거라는 불안을 줄여 줄 것입니다.

6주: 종합하고 유지하기 – 재발방지 도구

　이 마지막 장은 5주까지의 프로그램을 시행한 후 수면이 향상되기 시작한 사람들을 위해서 마련했습니다. 우선 당신의 수면일지가 이전보다 나아 보인다면, 잘하셨습니다! 일지를 다시 보면서 당신이 지난 몇 주 동안 성취해 온 바를 확인하면 도움이 될 겁니다. 축하가 필요할 것 같네요! 치료는 어려운 작업이고 처음에는 시간이 꽤 걸리는 일임을 저도 잘 알고 있습니다. 그럼에도 제가 이 일을 했던 이유는 당신의 수면이 향상되어 잠을 더 잘 이룰 수 있게 되기를 바랐기 때문입니다.

　다음 단계에는 계속 진전을 유지하면서 이후에도 숙면을 취할 수 있게 계획을 세워야 합니다. 잠을 잘 못 이루는 날이 물론 가끔은 있더라도, 그런 날 이후 일정 기간 동안 일어날 법한 일들에 잘 대처하는 능력을 갖추면 된다는 것입니다. 불면증 연구에서는 이러한 기법들을 몇 개월 동안 유지하면 불면증이 나아질 수 있다고 합니다. 대개는 이 단계에서 꽤 긍정적인 느낌이 든다고 하지만, 어떤 분들은 불면증 인지행동치료, 특히 수면일지 작성을 중단하면 어떤 일이 생길지 염려된다고 말합니다. 당신 역시 다시 과거로 되돌아가면 어쩌나 하는 걱정을 할지도 모릅니다. 그러므로 상황이 조금 나아진다고 하더라도, 이 부분을 읽고 다시 반복하기를 권합니다.

　지난 몇 주 동안 저는 당신의 수면일지를 보면서 수면을 어떻게 측정하고 있는지 확인했습니다. 당신이 밤새 한 일들에 대해 적은 것을 보면 그날 밤이 좋은 밤이었는지 혹은 나쁜 밤이었는지를 잘 알 수 있습니다. 이렇게 6주 프로그램을 마치면 사람들 대부분이 밤새 덜 깨고 수면공백이 줄어들면서 수면효율은 높아집니다. 간혹 개선 효과가 나타나지 않는 날이 있다 하여 걱정할 필요는 없습니다. 중요한 것은 일주일간의 패턴이지 하루 이틀의 성과가 아님을 기억하시기 바랍니다.

이제 우선 함께 배운 내용─불면증을 극복하기 위한 주요 단계들─을 정리해 보겠습니다.

1. 당신의 수면에 대해 이해하기

우리는 모두 자는 동안 90분마다 깨었다가 다시 잠들게 되며, 나이가 들수록 점점 더 여러 차례 깨게 됩니다. 일상적인 수면-각성 사이클은 주로 자연광에 따라 결정됩니다. 매일 일정 시간 이상 야외 활동을 하는 것이 좋습니다. 잠을 잘 자는 사람과 잘 못 자는 사람 모두 가끔 잠을 못 자는 날이 있게 마련인데, 이는 정상입니다.

흔히 불면증은 나쁜 습관처럼 굳어진 것이기 때문에 스케줄 리셋이나 침대-수면 연결성 강화 같은 단순한 기법에 의해 나아질 수 있습니다. 또한 밤이나 침실에 대한 집착을 줄이는 것이 중요합니다. 이렇게 하면, 잠은 전처럼 자동적인 과정으로 돌아갈 것입니다.

2. 잠들기 전에

수면에 영향을 미치는 습관(카페인, 니코틴, 알코올)은 무엇이든 주의해서 지켜보아야 하며, 줄이거나 중단할 계획을 세워야 합니다.

　낮이든 밤이든 고강도 운동(숨이 차면 더 좋음)을 매일 20~30분 정도 하면 좋습니다. 불면증 때문에 하지 못하고 있다면 다시 시도해 보시기 바랍니다. 취침 전 2시간 동안은 운동하지 마세요. 낮잠을 자거나 소파에서 졸지 않도록 하세요. 잠은 밤에 침실에서 자세요.

3. 수면시간에

　진짜로 졸리기 이전까지(단순히 피곤한 게 아니라) 침대에 눕지 않는다면 대부분 빨리 잠들 수 있을 겁니다. 일주일에 7일, 매일 아침 같은 시각에 알람을 맞춰 놓기를 바랍니다.

　침실은 서늘하고 어둡고 조용해야 합니다. 침대는 오직 잠을 자기 위한 곳입니다. 시계는 보이지 않는 곳에 두고 불은 바로 꺼야 합니다.

　잠이 오지 않거나, 잠들었다가 깨거나, 15분 이상을 완전히 깨어 있게 되면, 침실을 빠져나와야 합니다. 다시 졸리고 피곤함을 느낄 때까지 거실에서 불빛을 낮추면서 조용하고 이완되는 일들을 하세요. 독서, 음악 감상, 퍼즐, 녹음, 라디오 듣기 등 당신에게 맞는 일을 선택하기 바랍니다. 필요하면 다시 이를 반복하세요.

　밤에 깨서 이완된 상태라면 심상기법과 숫자/문자 게임을 하세요. 긴장되어 있거나 빨리 잠들지 못한다면 점진적 근육이완 훈련을 하시기 바랍니다.

미래 계획하기

당신이 지난 몇 주 동안 작성한 수면일지를 보시기 바랍니다. 이제 그것들을 다 모아 앞에 펼쳐 보면 꽤 도움이 될 겁니다. 잘한 것은 무엇이고 여전히 문제가 되는 것은 무엇인지 확인해 봅시다. 치료를 하다 보니 평탄한 항해를 하는 사람이 드물고 환자 각자가 모두 다르다는 점이 분명해졌습니다. 사람에 따라 더 쉽거나 더 어렵게 느끼는 기법이 달랐고, 어떤 기법은 아예 자기에게 해당되지 않는 경우도 있었습니다. 당신이 흡연한 적이 없다면, 담배와 관련된 모든 조언은 무시해도 좋습니다. 마찬가지로 당신이 이미 매일 달리기를 하고 있다면, 운동과 관련된 조언을 건너뛰면 됩니다.

당신에게 도움이 되었던 것과 맞지 않았거나 효과가 없었던 것에 대해 다음에 적어 보기를 바랍니다.

표 3-4 프로그램 참여 점검하기

나에게 도움이 된 기법들	
나에게 도움이 되지 않은 기법들	
나에게 해당되지 않는 기법들	
시작 수면효율	
현재 수면효율	

이제 당신은 자신에게 효과가 있었던 것들을 확인할 수 있을 겁니다. 제4부의 유진 씨와 지훈 씨 회복 사례를 보면, 이들은 수면을 개선하기 위해 각자 다른 인지행동치료 기법들을 사용했습니다.

　〈표 3-4〉를 작성하면서 프로그램 내용 중 어떤 부분이 양호한 수면패턴을 유지하는 데 계속 도움이 될지 알 수 있을 것입니다. 운동이 빨리 잠드는 데 가장 도움이 되었다면 일지에서 이를 확인할 수 있을 겁니다. 만일 그렇다면, 운동이 계속 일상의 일부가 되어야 합니다. 알파벳 게임과 같은 인지통제기법들이 자신에게 제일 잘 맞을 수도 있습니다. 이 기법들은 잠을 잘 자는 데에 도움이 되고 깨어 있을 동안의 긴 수면공백을 메워 주는 데 효과가 있습니다. 참고로 어린아이들과 함께하는 지루한 자동차 여행이나 직장 내 지겨운 회의를 견뎌 내는 데도 도움이 되지 않을까 합니다.

　치료 마지막 주 즈음, 사람들은 다음과 같은 질문을 합니다.

> "이전에 잘 자게 되었다가 다시 나빠졌던 적이 있는데, 이번에도 그렇지 않을까요?"
>
> "다시 재발한다면 어떻게 알 수 있을까요?"
>
> "잠을 잘 못 잔 날에는 모든 노력이 허사가 된 것 같아요."
>
> "며칠 동안 잘 못 자면, 다시 모든 것을 처음부터 반복해야 할까요?"
>
> "일지는 언제까지 계속 써야 하나요?"
>
> "일지를 쓰지 않으면 제 수면계획에 대해서 어떻게 알 수 있나요?"

　자, 그렇다면 마지막 두 문항에 답변해 보고 앞으로의 수면계획을 세워 봅시다. 당신이 일단 불면증을 극복하게 되면 재발을 원치 않을 것입니다. 따라서 별다른 이유 없이 잠을 빨리 못 이루거나 한밤 중에 깨게 된다면 걱정이 될 것입니다. 잠을 잘 자는 사람도 때로 잠을 설치고 한밤중에 깰 수 있음을 기억하시기 바랍니다. 그러나 그들은 여기에 대해서 별 걱정을 하지 않고 낮 동안의 일상에도 영향을 받지 않는다는 것이 차이점입니다. 잠깐 깨는 것은 정상입니다.

앞서 수면일지를 활용하여 자신의 수면을 점검하는 법에 대해 알려 드렸습니다. 그러나 당신이 경험한 프로그램은 당신의 일상에서의 힘든 변화도 요구하고 있으므로, 너무 장기간에 걸쳐 일지를 사용하지는 않았으면 합니다. 또한 수면일지를 작성하지 않아도 되는 긍정적인 단계가 옵니다. 잠을 못 잔 날보다 잘 잔 날이 더 많고 잠에서 깨도 다시 금방 잠든다면 일지를 작성할 필요가 없습니다.

수면클리닉에 찾아오는 사람은 대부분 약 6주 동안 수면일지를 작성합니다. 이후 우리는 일지 작성을 중단하도록 얘기합니다. 이즈음에 당신은 잠에서 깨고 기상하기에 가장 편안한 시간이 언제인지 파악할 것입니다. 자, 이제 당신의 일지를 보십시오. 기상하기에 가장 편안한 시간이 언제인지 알 수 있습니까? 몇 시가 가장 좋은가요? 만일 오전 7시라면 이 기상시간을 지켜보기 바랍니다. 휴일 같은 특별한 날에는 평소보다 일찍 혹은 늦게 기상할 때가 있겠지만 되도록이면 기상시간을 지켜 보세요.

당신은 또한 자신의 수면시간이 대략 어느 정도인지 알고 있을 겁니다. 이 시간을 일정하게 유지하는 것이 생체시계와 항상성 유지에 좋습니다. 유진 씨의 경우에는 대체로 7시간 정도였습니다. 간혹 늦게 잠드는 날에도, 일정한 수면시간을 지키려고 노력해야 합니다. 피곤해서 알람이 울려도 깨지 못하거나 늦은 시간에 잠들었다면, 잠이 부족할 것이고 더 자는 것이 좋습니다. 어떤 날 잠 못 들고 오랜 시간 깨어 있었다면, 다음 날 역시 평소 침상에 들었던 시간을 지켜서 졸린 느낌이 확실히 들도록 한 후 침상에 드는 것이 좋습니다.

잠을 잘 자게 된 이후에도 수면계획 중 계속 지켜야 하는 부분이 있으며, 이것들이 좋은 수면을 계속 유지할 수 있게 해 줄 것입니다. 첫째, 잠이 확 달아났을 때는 침상에 들지 마세요. 이때 자려고 하면 불면증을 유발할 수 있으며, 졸린 느낌은 다시 잘 돌아오지 않습니다. 자신의 신체에 귀를 기울이시고, 단순히 따분하거나 신체적으로 피곤할 때가 아닌 정말 졸릴 때 침상에 들기를 바랍니다. 둘째, 잠이 달아나서 그로 인해 심란해지기 시작하면 재빨리 침대를 벗어나 다른 일을 하세요. 좀 더 이완되거나 다시 졸릴 때까지 몇 분 동안 독서나 음악 감상을 하면 좋습니다. 이러한 규칙은 계속 지킬 필요가 있습니다. 초조함은 침실 바깥으로 치워 두어야 합니다. 깨어 있는 시간 동안 침대에서 벗어나 있는 것도 중요합니다. 침실은 잠자는 방임을 기억하세요. 근무시간을 지키고, 컴퓨터와 전화기는 멀리, 가능하면 방 밖으로 치워 두세요.

"잠을 잘 못 자게 됐을 때는 다시 모든 것을 처음부터 반복해야 할까요?"

이에 대한 답은 치료를 반복할 수 있고, 이전에 효과가 있었다면 반복했을 때 또다시 효과가 나타난다는 증거가 있다는 것입니다. 그러나 이상적으로는, 다시 시작하기 훨씬 전에 스스로 경고신호를 발견하는 게 좋습니다. 다시 프로그램을 진행하게 되었다면 110페이지의 표를 보면서 어떤 기법들이 정말 효과적인지 확인할 수 있을 것입니다.

"다시 재발한다면 어떻게 알 수 있을까요?"

당신의 수면이 만족스럽지 않다고 느끼기 시작했다면, 일주일 동안 수면일지를 작성하면서 수면효율을 측정해 보십시오. 수면효율이 85% 미만으로 떨어졌습니까? 우리가 측정하기 전의 수준으로 떨어졌습니까? 그렇다면, 86페이지의 불면증 인지행동치료 측정 부분으로 되돌아가기를 바랍니다.

제4부

회복 사례

유진 씨 사례

앞에서 유진 씨에 대해 소개했습니다. 그녀의 담당의가 불면증이라고 진단하였으며, 불면증 인지행동치료 기법들이 담긴 자가치료 책을 한 권 주었지요. 이제 그녀의 이야기를 좀 더 자세히 들여다보면서 치료의 전 과정 동안 작성한 수면일지를 살펴봅시다. 물론 그녀의 이야기가 당신의 사례와 다를 수는 있으며, 그녀가 치료 과정 중에 기복을 겪는 것도 확인 할 수 있을 것입니다. 그래도 그녀의 작업지와 수면일지를 살펴보는 것이 도움이 될 것이고 당신의 수면일지를 채워 나갈 때 유용할 것입니다.

준우는 아주 귀여운 아이로 아이 탓을 할 생각은 없어요. 엄마도 많이 도와주셨습니다. 하지만 아이가 태어나고 몇 달이 지나면서 수면과 관련된 모든 문제가 시작된 것만 같았습니다. 모두 다 그렇게 얘기하기에 피곤하리라 예상하지 못한 것은 아니었습니다. 준우는 내 친구들의 아이보다 배앓이가 더 심했습니다. 매시간 잠에서 깨어났으며, 출산휴가 동안 나는 좀비처럼 그 애를 업고 마루를 걸어 다녔습니다. 방문 보건 담당자가 아이에게 역류성 질환이 있는 것을 발견하고 도움을 줘서 담당의는 약을 처방해 주었습니다.

6개월이 지나면서 준우는 밤중에 한 번만 깨어났습니다. 드디어 지난주에 첫돌을 맞이했으며, 이제 준우는 스스로 잠들고 아침 6시경에 깨어납니다. 첫 몇 달 동안 나는 너무나 졸렸지만, 아이의 우는 소리가 들리지 않나 하고 집 안의 아이를 항상 의식하고 있었습니다. 일단 애가 밤새 잘 자면 나도 잘 잘 수 있을 줄 알았습니다. 그러나 지금 나는 여전히 깨어 있습니다. 어떤 때에는 아이가 우는 것 같아 방에 들어가 확인해 보지만 아이는 곤히 잠들어 있었습니다. 출산휴가 중에는 아이가 잠들었을 때 잠깐 졸 수 있었기에, 밤에 깨어 있는 것이 큰 문제는 아니었습니다.

나에게 수면 문제가 생길 것이라곤 생각해 본 적이 없었는데, 어머니는 나의 어릴 적 별명이 '예민한 유진'이었다는 걸 상기시켜 주셨습니다. 언니가 코 고는 소리에 잠을 못 자겠다 해서 나는 결국 혼자만의 침실을 갖게 되었습니다. 나는 잠을 잘 자는 편이 아니어서 친구네 집에서 자고 오는 것도 별로 좋아하지 않았습니다. 나는 뭔가 중요한 일에 대해 생각을 정리하다가 늦게까지 깨어 있는 일이 있으며, 내 직장인 학교에 학교 감사관이 오는 전날 밤에는 한숨도 못 자기도 합니다. 그래도 지금까지는 그렇게 심각한 문제는 아니었습니다.

직장으로 되돌아갔을 때 수면 문제가 심각해진 것 같습니다. 나는 정말 새 학기가 시작되길 고대했습니다. 준우는 유치원에 다니고 담당 선생님을 만나게 되었는데, 그렇게 일상이 좀 달라졌습니다. 저녁 시간은 아이와 함께 보내고 싶어서 집안일 같은 것을 저녁 이후로 좀 미뤄 두었습니다. 때때로 자려고 누웠을 때, 나는 다음날 학교에서 할 일들에 대해 생각하곤 했고, 진짜 몸이 피곤했음에도 불구하고 잠이 들지 못했습니다. 밤이 너무나 긴 것만 같았습니다. 남편은 언제나 눕자마자 잠이 들었으며, 나는 남편과 준우를 깨우고 싶지 않았기에 계속 누워 있었습니다. 그러다가 누워만 있는 것이 점점 심해지고, 어느 날엔가 나는 수면이 건강과 기억력 향상에 매우 중요하다는 내용을 신문에서 읽게 되었습니다. 바로 그날 밤부터 나는 최소 8시간 이상 잠을 자기 위해서 침대에 일찍 누웠는데, 그것은 정말 고역이었습니다. 저녁에 준우를 재우고 저녁 7시 30분에 침대에 누웠는데, 나는 계속 불안하고 조금 짜증도 났습니다. 양의 마릿수를 세면 잠이 잘 온다기에 그렇게도 해 봤으나 전혀 효과가 없었습니다.

그래도 잘 자는 날이 더 많은 채로 버티다가 학기가 끝나갈 즈음에는 문제가 훨씬 심각해졌습니다. 이제는 침실로 가는 게 두려워지기 시작했습니다. 침대에 누워 있을 땐 심장박동도 크게 들리는 것 같았고 매우 빠르게 뛰는 것 같았습니다. 나에게 뭔가 문제가 생긴 게 아닌가 싶었고, 불면증이 그 경고신호인 것만 같았습니다.

그래서 나는 처음으로 의사를 찾아갔습니다. 그는 친절하고도 신속하게 진찰했습니다. 혈액검사도 했으며, 출산 직후 많은 엄마가 불면증을 겪지만, 곧 안정될 것이니 염려하지 말라고 말해 주었습니다. 밤에 잠들기 전에는 커피나 담배를 삼가라고도 말해 주었는데, 어쨌든 커피를 마시면 가슴이 두근거리기에 나는 커피를 전혀 마시지 않습니다. 혈액검사 결과는 정상이었으며, 그래서 조금은 실망스러웠습니다. 빈혈이 있다거나 뭐라도 문제가 있어야 치료하면 괜찮아질 텐데 하는 생각이 들었습니다.

이제 습관화된 패턴에 갇혀 버리게 된 것 같았습니다. 준우가 잠

들면 나는 할 일이 너무 많다고 느끼지만 동시에 너무 피곤해서 소
파에 앉아서 눈을 뜨고 있지도 못할 지경이 됩니다. 남편은 어서 침
대에 가서 누워 잠을 청하라고 합니다. 그러면 나는 약간 화가 납니
다. 자기는 마치 불곰처럼 코를 골고 자면서 말은 쉽게 합니다. 그
러나 일단 침대에 누우면, 마치 누군가 전등불을 켠 것처럼 갑자기
나는 안절부절못하게 되고 긴장감이 상승합니다. 간혹 살짝 잠이
들었다가도 한밤중에 깨어나서 보면 겨우 한 시간 정도가 지난 식
입니다. 그러면 아침이 올 때까지 숫자를 셉니다. 어떤 때에는 즉
시 일어나서 아래층으로 가서 불을 켜고 잠들기를 포기합니다. 한
번은 준우의 잠옷을 포함한 집 안의 모든 다림질 거리를 해치운 적
도 있습니다. 가끔 나가떨어지듯 잠에 빠져 대여섯 시간 자기도 하
는데, 그런 날 다음 아침에는 기분이 훨씬 낫지만, 몇 달에 한 번 있
는 일입니다. 매트리스를 바꿔 보기도 하고, 남편의 코 고는 소리를
안 들으려고 다른 방으로 가는 등 웬만한 수는 다 써 보았습니다.
동네 약사에게 권유받아 수면에 좋다는 모든 허브 요법을 써 보기
도 했습니다. 그러나 그중 어느 것 하나 효과가 없었고, 나는 정말
절망적인 마음으로 다시 담당의를 방문했습니다. 잠을 못 자는 것
이 모든 일에 영향을 미치고 있었습니다.

　이번에는 다른 의사가 있었는데, 그녀는 친절했고 공감적이었습
니다. 그녀에게도 어린 자녀가 있다는 점에서 더 믿음직스러웠습
니다. 그녀는 내 기분에 대해 점검하고 불안한지를 물었습니다. 나
는 그런 부분을 생각해 보지 않았으며, 단지 잠을 못 자는 것 때문
에 괴롭다고 여겼습니다. 그녀는 우울증 얘기도 꺼냈지만, 우울증
이 진짜 문제는 아닐 것이라는 점에 동의했습니다. 이후 그녀는 낮

동안에 얼마나 졸리는지 물었고, 몇 가지 점수를 함께 점검했습니다. 나는 낮에 정말 잠을 자지 않았고 아예 잠을 못 잤습니다. 이것이 문제였습니다. 그녀는 나에게 불면증이 있다고 진단했고 수면제 복용에 대해 안내했습니다. 의사는 2주 분량의 약을 처방할 것이라 했으며 그런데 부작용도 있을 수 있다고 설명해 주었습니다. 그녀는 또 다른 방식의 치료법도 소개했는데, 치료 기간은 좀 더 오래 걸리되 수면에 대한 부담과 걱정을 덜어 주는 인지행동치료였습니다. 그녀가 대화치료(Talking Therapies, 또는 상담치료)라고 했을 때, 나는 그 말의 의미를 정확하게 이해하지는 못했습니다.

　그녀는 자가치료 책이 한 권 있고, 나보다 오랜 기간인 5년 동안 불면증을 겪었던 다른 환자의 경우 이 책을 통해 수면 개선에 도움을 받았다고 했습니다. 나는 정말 내가 스스로 할 수 있는 모든 시도를 다 해 봤고 다른 이의 도움이 필요한 것이었습니다. 그래서 나는 책이 과연 소용이 있을까에 대해 다소 회의적이었습니다. 그러자 의사는 내게 수면패턴에 대해 일기에 정리해 본 적이 있느냐 물었고, 만일 해 본 적 없다면 이 책의 처음 몇 장이라도 한 번 읽어 보길 권유했습니다. 의사는 4주 후로 약속을 잡았고, 수면제 복용에 대해서는 그때 다시 얘기하기로 했습니다. 그녀는 또 심리학자가 나온 신문 기사를 보여 주었는데, 이런 유형의 인지행동치료가 많이 알려진 것은 아니지만 실제로 많은 연구를 통해 효과가 입증됐다고 실려 있었습니다. 집에 와서 나는 그 책을 읽기 시작했고, 얼마 지나지 않아 준우가 유치원에서 돌아왔습니다. 내가 이 책까지 읽고 나면, 선생님께 적어도 모든 노력을 다 했노라 말씀드릴 수는 있겠다고 생각했습니다.

우선 나는 내가 수면에 대해 너무나 모른다는 것을 알게 되었습니다. 어떤 내용은 정말 흥미로웠는데, 밤에도 깰 수 있다는 것과 수면에 단계가 있다는 것이었습니다. 그리고 여러 가지 수면 문제에 대해 읽었는데, 내게 해당하지는 않았습니다. 그래서 의사의 말이 맞고 내가 불면증이라고 생각하게 되었습니다. 아드레날린이 각성을 유지한다는 내용도 확연히 이해되었습니다.

그로부터 일주일 동안 나는 수면일지를 기록하기 시작했습니다. 처음에는 침실에서 시계를 없애라는 지시 때문에 매우 괴로웠습니다. 시계가 없는데 어떻게 수면일지를 기록한다는 말입니까? 하지만 남편이 책을 읽은 후 나에게 추측해서 기록하면 된다고 알려 주었습니다. 그리고 자기는 시계를 전혀 보지 않는다고 말해 주었습니다. 그는 알람이 울리면 그냥 일어난다고 했는데, 그래서 나도 시계를 침실 밖으로 치웠습니다. 어쨌든 며칠 후에 나는 나의 수면패턴을 확인할 수 있게 되었습니다. 기록하면서, 내가 깨어 있는 채로 누워 있는 시간이 어느 정도인지와 밤에 조금씩이라도 자고 있었다는 사실을 알게 되었습니다. 비록 3~4시간 정도밖에 안 되지만 잠을 자기는 했습니다. 그리고 일요일 밤이 특히 힘들었다는 것을 알게 되었습니다. 수면일지에는 운동에 대해서도 적게 되어 있는데, 나는 주말 동안 아무것도 하지 않았음을 깨닫고 준우가 유치원에서 오기 전에 시간을 내어 필라테스 수업을 다시 받아야겠다는 생각이 들었습니다. 낮에 내가 활동하는 방식이 수면을 방해할 것이라고는 생각지도 못했습니다. 나는 오히려 밤에 잠을 못 잤으니 운동하러 가지 못하는 것이라고 다른 식으로 생각했다는 것을 깨달았습니다. 수면위생에 대한 부분에서는 나의 경우와 맞지 않는 부분도 있었지만, 토요일 밤 맥주를 마신 후 남편의 코골이가 더 심해진다는 것에 대해 함께 얘기해 보았습니다(다음의 1주 차 수면 일지 참조). 내가 마시는 연한 차에 포함된 카페인양도 확인해 보았는데, 차를 끊어야 할 정도는 아니었지만 그래도 확실히 하기 위해 오후 2시 이후에는 마시지 않겠다고 결심했습니다.

1주 차 유진 씨 수면일지

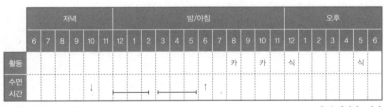

소등시간 밤 9시 45분   총 수면시간 5시간

소등시간 밤 10시 00분   총 수면시간 5시간

소등시간 밤 10시 00분   총 수면시간 3시간 30분

	저녁						밤/아침												오후						
	6	7	8	9	10	11	12	1	2	3	4	5	6	7	8	9	10	11	12	1	2	3	4	5	6
활동							화								카	카	식						식		
수면시간				↓	├──┤				├──┤		↑													

소등시간 밤 9시 50분   총 수면시간 <u>5시간 30분</u>

	저녁						밤/아침												오후						
	6	7	8	9	10	11	12	1	2	3	4	5	6	7	8	9	10	11	12	1	2	3	4	5	6
활동			술						화			카	카						식						
수면시간					↓	├─┤	├──┤			↑															

소등시간 밤 11시 00분   총 수면시간 <u>1시간 30분</u>

	저녁						밤/아침												오후						
	6	7	8	9	10	11	12	1	2	3	4	5	6	7	8	9	10	11	12	1	2	3	4	5	6
활동	식										카				카	식								
수면시간			↓		├──────────────┤							↑													

소등시간 밤 8시 30분   총 수면시간 <u>6시간</u>

	저녁						밤/아침												오후						
	6	7	8	9	10	11	12	1	2	3	4	5	6	7	8	9	10	11	12	1	2	3	4	5	6
활동							화												식						
수면시간				↓	├──┤			↑	↓		├──┤		↑											

소등시간 밤 10시 10분   총 수면시간 <u>2시간 30분</u>

나는 운동을 다시 시작하기로 했습니다. 시간이 너무 많이 소요
될 수 있으므로 체육관에 다니기보다는 인터넷에서 20분짜리 운동
영상을 찾아서, 아들 준우가 잠든 직후 운동을 하기로 했습니다.
이전에는 잘했던 운동도 자신 없이 느껴졌는데, 막상 해 보니 자기

전에 충분히 할 만했습니다. 일주일 동안 운동을 얼마나 하는지 기록하여 문제가 개선되는지 살펴보려고 했습니다. 수면이 조금 개선되는 것 같기는 했지만 아직은 밤에 오래 깨어 있는 경우가 많았습니다.

2주 차 유진 씨 수면일지

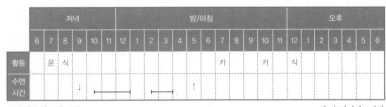

	저녁						밤/아침												오후						
	6	7	8	9	10	11	12	1	2	3	4	5	6	7	8	9	10	11	12	1	2	3	4	5	6
활동		운	식												카		카	식						식	
수면시간																									

소등시간 밤 <u>10시 00분</u>　　　　　　　　　총 수면시간 <u>4시간 30분</u>

	저녁						밤/아침												오후						
	6	7	8	9	10	11	12	1	2	3	4	5	6	7	8	9	10	11	12	1	2	3	4	5	6
활동		운	식												카		카	식							
수면시간																									

소등시간 밤 <u>9시 45분</u>　　　　　　　　　총 수면시간 <u>4시간</u>

	저녁						밤/아침												오후						
	6	7	8	9	10	11	12	1	2	3	4	5	6	7	8	9	10	11	12	1	2	3	4	5	6
활동		운															식							식	
수면시간																									

소등시간 밤 <u>11시 00분</u>　　　　　　　　　총 수면시간 <u>5시간</u>

	저녁						밤/아침												오후					
	6	7	8	9	10	11	12	1	2	3	4	5	6	7	8	9	10	11	12	1	2	3	4	5	6
활동		운												카			카		식					식	
수면시간																									

소등시간 밤 10시 00분   총 수면시간 5시간 30분

	저녁						밤/아침												오후					
	6	7	8	9	10	11	12	1	2	3	4	5	6	7	8	9	10	11	12	1	2	3	4	5	6
활동		운												카					식					식
수면시간																									

소등시간 밤 9시 50분   총 수면시간 5시간 30분

	저녁						밤/아침												오후					
	6	7	8	9	10	11	12	1	2	3	4	5	6	7	8	9	10	11	12	1	2	3	4	5	6
활동		운												카				식						식
수면시간																									

소등시간 밤 10시 00분   총 수면시간 4시간 30분

	저녁						밤/아침												오후					
	6	7	8	9	10	11	12	1	2	3	4	5	6	7	8	9	10	11	12	1	2	3	4	5	6
활동		운												카					식					
수면시간																									

소등시간 밤 10시 00분   총 수면시간 4시간 30분

2주 차 유진 씨의 수면효율

- 7일간 평균 수면시간(total sleep time: TST)은 4.5시간 또는 대략 270분
- 평균 침상시간(time in bed: TIB)은 8시간 또는 480분
- 수면효율은 TST를 TIB로 나눔: 유진 씨의 수면효율은 56%

　2주 차부터 수면효율을 계산하는 것이 조금 귀찮게 느껴졌습니다. 남편과 나는 그걸로 좀 언쟁을 벌였습니다. 일단 모든 시간을 합쳐서 계산해 보니 좀 더 쉬웠습니다. 최종적으로 수면효율은 56%였습니다.

　3주 차에 접어들어 침대에 누워있는 시간을 줄이라는 부분을 읽었을 때는 상당히 두려웠습니다. 3~4시간밖에 못 자서 기분이 나빠지지는 않을까? 만일 전혀 잠을 자지 못하면 어떻게 될까? 내가 할 수 있을지 자신이 없었습니다. 남편도 마찬가지였습니다. 내가 잠을 못 자고 나면 신경이 날카로워지는 것을 그는 이미 경험했습니다. 그래도 나는 잠자는 시간을 5시간 반으로 정했습니다. 엄마는 필요하다면 준우를 봐 주겠다고 했으며, 자정 넘어 침실로 들어오다가 남편을 깨우지 않도록 2주 동안 각방을 쓰기로 했습니다. 아침 기상시간은 6시로 정했는데, 이때가 대개 준우가 일어나는 시간이기 때문이었습니다. 남편 역시 찬성했는데, 내가 6시에 일어나면 주말 동안 준우를 돌보는 일에서 해방될 수 있기 때문이었습니다.

첫 며칠은 매우 힘들었습니다. 정말 잠을 자고 싶어 미칠 것 같을 때도 깨어 있는 채로 버텼습니다. 어느 날 밤 소파에 앉아 있을 때는 잠들지 않기 위해 정말 애써 버텨야 했습니다. 수면일지를 살펴보면, 놀랍게도 이 방법이 통했음을 알 수 있습니다. 나는 준우를 막 가졌을 때, 낮에 졸음이 와서 가끔 눈을 붙이곤 했던 무렵과 비슷해진 느낌이었습니다. 그러나 몹시 피곤할 때도 눈을 뜨고 깨어 있으려고 노력했습니다. 책에 적혀 있던, 곧 쓰러져 잠들 정도로 피곤해져야 한다는 말이 무슨 뜻인지 알게 되었습니다. 아침 6시에 일어난 하루는 너무 졸렸고 운전하기 귀찮다는 느낌이 들었지만, 남편이 학교까지 차를 태워 주었고, 일단 교실에 들어가자 정신이 말짱 깨어났습니다. 수면일지를 검토해 보니 믿을 수 없을 정도였습니다. 하루를 빼 놓고는 매일 밤 5시간씩 계속 잔 것입니다. 남편이 많이 도와주었고 운동을 잊고 거르지 않도록 계속 일깨워 주었습니다. 어느 날 하루는 운동을 빼먹었지만, 나머지 대부분의 날은 계획대로 수행하였습니다.

3주 차 유진 씨 수면일지

	저녁						밤/아침												오후						
	6	7	8	9	10	11	12	1	2	3	4	5	6	7	8	9	10	11	12	1	2	3	4	5	6
활동		운	식												카		카		식					식	
수면 시간							├─					─┤	↑												

소등시간 밤 12시 30분   총 수면시간 5시간 30분

소등시간 밤 12시 30분   총 수면시간 5시간 30분

소등시간 밤 12시 15분   총 수면시간 5시간

소등시간 밤 12시 40분   총 수면시간 5시간

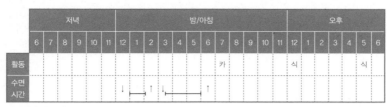

소등시간 밤 12시 30분   총 수면시간 3시간 30분

소등시간 밤 12시 25분   총 수면시간 6시간

		저녁						밤/아침												오후					
	6	7	8	9	10	11	12	1	2	3	4	5	6	7	8	9	10	11	12	1	2	3	4	5	6
활동		운												카						식					
수면시간								├──				─┤													

소등시간 밤 12시 30분   총 수면시간 5시간 30분

3주 차 유진 씨의 수면효율

- 수면 목표는 매일 5시간 반 동안 자는 것으로 설정함
- 취침시간은 새벽 0시 30분으로, 기상시간은 오전 6시로 설정함
- 일주일 평균 수면시간은 5시간(또는 300분)
- 평균 침상시간은 5시간 30분(또는 330분)
- 수면효율은 300분 ÷ 330분으로 91%, 이것은 성공!
- 85% 이상 수면효율을 달성하였음. 따라서 4주 차에는 취침시간을 새벽 0시 15분으로 설정함. 그러나 기상시간은 똑같이 6시로 설정하며, 수면 목표는 하루에 5시간 45분씩 자는 것임

초저녁에 잠을 자지 않으려고 엄청나게 노력하고 있다고 말했더니, 남편은 내가 소파에 앉아 있을 때마다 나를 쿡쿡 찔러댔습니다. 어떤 때에는 일어나서 걸어 다니며 자정이 될 때까지 졸지 않으려고 애썼는데, 드디어 4주 차에 수면시간을 좀 더 늘릴 수 있게 되었을 때는 정말 신의 선물을 받은 것만 같았습니다. 기상시간은 오전 6시를 유지했습니다. 이제 주말에도 준우가 깨어나기를 기다리게 되었음을 알게 되었고, 매일 아침 남편이 일어나기 전의 고요한

시간도 즐기게 되었습니다. 6시간을 잘 수 있게 되었을 무렵, 준우가 감기에 걸려 나에게 옮겼고, 며칠 동안은 모든 것이 엉망이 되었습니다. 누워 있을 때 머리가 무겁고 아팠으며, 열도 조금 있었습니다. 잠시 수면일지 작성을 멈췄다가 준우와 나의 콧물감기가 나은 후에 다시 시작하였습니다. 마인드 게임과 심상작업도 시도해 보았습니다. 숫자작업은 전혀 자신이 없었지만(수학은 학교 다닐 때도 전혀 좋아하지 않았습니다), 심상작업은 맘에 들었습니다. 심상작업은 밤에 깨어났을 때 도움이 되었습니다. 밤에 각성이 되면 침대 밖으로 아예 나와 버려야 한다는 내용도 알고 있었지만, 수면일지를 보니 이제 깨더라도 금세 다시 잠들고 있었습니다(4주 차와 5주 차).

　프로그램을 마칠 때 즈음 되어 나는 원래대로 돌아가면 어쩌나 걱정이 되기 시작했습니다. 마지막 장을 읽어 보니 다른 사람들도 비슷한 마음이 든다고 하였고 그래서 조금 안심이 되었습니다. 나는 냉장고에 '6시 기상'(아마 준우가 청소년이 될 때까지?), '밤 11시 30분 내지 12시 취침'이라고 써 붙여 놓았습니다. 어떤 날에는 운동을 놓치기도 했는데 그렇다고 수면시간에 큰 차이는 없었지만, 그래도 조금 둔해지는 느낌이 들어 운동은 계속 했습니다. 4주가 지나서 다시 담당의를 만났을 때 그녀는 내가 피곤해 보이지만 기분은 훨씬 좋아 보인다고 했습니다. 8주 후 의사를 다시 만났을 때, 우리는 수면제를 복용할 필요가 없다는 점에 동의했습니다. 나는 내가 남편처럼(남편은 이제는 점심 식사 때만 맥주를 마시기에 밤에 코를 골지 않습니다) 푹 잘 수 있을 거라 기대하지는 않았지만, 이제 적어도 아주 작은 소리에 깨는 일은 없는 정도가 되었습니다.

4주 차 유진 씨 수면일지

	저녁						밤/아침												오후					
	6	7	8	9	10	11	12	1	2	3	4	5	6	7	8	9	10	11	12	1	2	3	4	5	6
활동		운	식												카		카		식					식	
수면시간							├────────────┤ ↑																		

소등시간 밤 <u>12시 15분</u>   총 수면시간 <u>5시간 30분</u>

	저녁						밤/아침												오후					
	6	7	8	9	10	11	12	1	2	3	4	5	6	7	8	9	10	11	12	1	2	3	4	5	6
활동		운	식												카		카		식						
수면시간							↓ ├──────────┤																		

소등시간 밤 <u>12시 15분</u>   총 수면시간 <u>5시간</u>

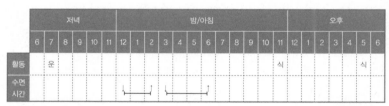

	저녁						밤/아침												오후					
	6	7	8	9	10	11	12	1	2	3	4	5	6	7	8	9	10	11	12	1	2	3	4	5	6
활동		운															식							식	
수면시간							├────┤ ├──────┤																	

소등시간 밤 <u>12시 15분</u>   총 수면시간 <u>4시간 15분</u>

	저녁						밤/아침												오후					
	6	7	8	9	10	11	12	1	2	3	4	5	6	7	8	9	10	11	12	1	2	3	4	5	6
활동		운											카	카					식						
수면시간							↓ ├──────────┤ ↑																		

소등시간 밤 <u>12시 10분</u>   총 수면시간 <u>5시간</u>

	저녁						밤/아침												오후						
	6	7	8	9	10	11	12	1	2	3	4	5	6	7	8	9	10	11	12	1	2	3	4	5	6
활동		운												카						식				식	
수면시간							├──────────────┤																	

소등시간 밤 <u>12시 00분</u>　　　　　　총 수면시간 <u>6시간</u>

	저녁						밤/아침												오후						
	6	7	8	9	10	11	12	1	2	3	4	5	6	7	8	9	10	11	12	1	2	3	4	5	6
활동	식	운												카			식								
수면시간							├────────────┤ ↑																	

소등시간 밤 <u>12시 00분</u>　　　　　　총 수면시간 <u>5시간 30분</u>

	저녁						밤/아침												오후						
	6	7	8	9	10	11	12	1	2	3	4	5	6	7	8	9	10	11	12	1	2	3	4	5	6
활동		운												카						식				식	
수면시간							├────────┤　├──┤ ↑																	

소등시간 밤 <u>12시 15분</u>　　　　　　총 수면시간 <u>5시간 30분</u>

5주 차 유진 씨 수면일지

	저녁						밤/아침												오후						
	6	7	8	9	10	11	12	1	2	3	4	5	6	7	8	9	10	11	12	1	2	3	4	5	6
활동		운	식											카		카			식						식
수면시간							├────────────┤ ↑																	

소등시간 밤 <u>12시 00분</u>　　　　　　총 수면시간 <u>5시간 30분</u>

	저녁						밤/아침												오후						
	6	7	8	9	10	11	12	1	2	3	4	5	6	7	8	9	10	11	12	1	2	3	4	5	6
활동		운	식											카			카	식							
수면 시간							↓├────────────┤↑																		

소등시간 밤 <u>12시 00분</u>   총 수면시간 <u>5시간</u>

	저녁						밤/아침												오후						
	6	7	8	9	10	11	12	1	2	3	4	5	6	7	8	9	10	11	12	1	2	3	4	5	6
활동		운															식							식	
수면 시간							↓├────────────┤↑																		

소등시간 밤 <u>12시 00분</u>   총 수면시간 <u>4시간 45분</u>

	저녁						밤/아침												오후						
	6	7	8	9	10	11	12	1	2	3	4	5	6	7	8	9	10	11	12	1	2	3	4	5	6
활동		운												카			카	식							
수면 시간						↓├────────────────┤↑																			

소등시간 밤 <u>11시 45분</u>   총 수면시간 <u>6시간</u>

	저녁						밤/아침												오후						
	6	7	8	9	10	11	12	1	2	3	4	5	6	7	8	9	10	11	12	1	2	3	4	5	6
활동		운								카							식							식	
수면 시간							├─────┤ ├──────┤↑																		

소등시간 밤 <u>11시 45분</u>   총 수면시간 <u>6시간 15분</u>

	저녁						밤/아침												오후						
	6	7	8	9	10	11	12	1	2	3	4	5	6	7	8	9	10	11	12	1	2	3	4	5	6
활동		운												카											
수면 시간							├────────────┤↑																		

소등시간 밤 <u>11시 45분</u>   총 수면시간 <u>6시간</u>

소등시간 밤 11시 30분   총 수면시간 6시간

6주 차 유진 씨 수면일지

소등시간 밤 11시 30분   총 수면시간 6시간

소등시간 밤 11시 30분   총 수면시간 6시간 15분

소등시간 밤 11시 30분   총 수면시간 6시간

소등시간 밤 <u>11시 15분</u>   총 수면시간 <u>5시간</u>

소등시간 밤 <u>11시 15분</u>   총 수면시간 <u>5시간 30분</u>

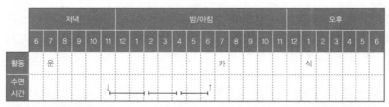

소등시간 밤 <u>11시 15분</u>   총 수면시간 <u>5시간 30분</u>

소등시간 밤 <u>11시 15분</u>   총 수면시간 <u>6시간</u>

표 4-1　프로그램 참여 점검하기

나에게 도움이 된 기법들	운동하기(주 3회), 6시 기상, 심하게 졸릴 때 침대로 가기
나에게 도움이 되지 않은 기법들	근육이완법
나에게 해당되지 않는 기법들	금연, 침실에 TV나 조명등 없애기
시작 수면효율	56%
현재 수면효율	85%

코멘트: "6시간 수면을 지키는 것이 도움이 되었는지, 매일 아침 준우가 일어날 때 즈음 나는 항상 깨어 있었습니다. 밤에 잠이 안 올 때, 나는 침대 밖으로 나갈 필요는 없었고 심상작업이나 알파벳 게임을 하다 보면 결국 끝까지 하지 못하고 어느새 잠들어 있게 됩니다. 나는 여전히 밤에 깰 때도 있지만, 끝없이 계단을 오르는 것 같은 끔찍한 느낌은 없어졌습니다. 이제 수면일지를 그만 쓸 때도 된 것 같습니다."

지훈 씨 사례

나는 호텔, 비행기, 자동차 등 어디에서나 잘 자는 사람이었습니다. 시간이 나는 대로 잠깐 눈을 붙일 수도 있었고 침대에 눕는 것이 좋았습니다. 토요일에는 축구를 하고 평일에는 체육관에 다니는 게 일상생활이었는데, 어느 날 독감에 걸리면서 모든 것이 달라졌습니다. 여자들이 "남자들은 단순 감기도 독감으로 과장한다."라고 떠들어 대는 것을 들어 보기는 했지만, 이번에는 진짜 심했고, 열이 펄펄 끓고 토하기까지 한 후 널브러지게 되었습니다. 2주 동안 집안의 어른 2명과 아이 2명이 직장과 학교에 나가지 못했습니다. 나는 완전히 녹초가 된 기분이었고, 그 이후 몇 주간 체육관에 나갈 엄두도 내지 못했습니다. 직장에 복귀해서도 한동안 콧물 약을 복용해야 했습니다.

그러다가 드디어 열이 내린 첫날, 나는 잠을 잘 수가 없었습니다. 정말 드문 일이었습니다. 보통은 그런 경우가 없었습니다. 아내는 옆에서 잘 자고 있었는데 이상하고 당황스러운 느낌이 들었습니다. 곧 좋아지겠거니 생각했는데, 다음 날 밤에도 그런 느낌이 또 있어서 그것에 대해 생각하지 않으려 애썼습니다. 아마도 그러면서 더 심해진 것 같았고, 그래서 나는 그냥 오랫동안 누워만 있었습니다. 알람이 울렸을 때, 나는 거의 한잠도 못 잔 것처럼 느껴졌고 일어나기 힘들었습니다. 이틀 동안 더 그러자 짜증이 났고 나는 아내를 깨우지 않으려고 침실 밖으로 나왔습니다. TV를 보다가 잠들었는지 어느새 아침이 되었고, 소파에서 잔 탓에 목이 뻣뻣해진 나를 아이들이 깨우고 있었습니다. 나는 두통이 생겼습니다. 아내는 내가 잠들려고 마신 브랜디 탓일 거라 했지만, 나는 잠도 들지 못했습니다. 그날 직장에서는 지역 영업팀과 큰 회의가 있었습니다. 나는 좋은 실적을 올리지 못했고 그로 인해 사장님의 질책을 받기도 했습니다.

그 이후 모든 것이 꼬인 것 같았습니다. 나는 예전처럼 잠을 자기 위해 노력했지만 누워 있을 때는 신경이 곤두서고 긴장이 되었습니다. 그리고 목과 머리가 아픈 것 같았습니다. 주말에 술을 한 잔씩 하고 잘 잤던 기억이 있어서 밤에 브랜디를 한 잔씩 마셨는데, 전혀 소용이 없었습니다. 이후 몇 주 동안 잠자는 게 매우 심각한 일이 되어 버렸습니다. 이런 문제가 생긴 것이 정말 바보같이 느껴졌습니다. 그날 병원에 가면서는 감기가 여전히 낫지 않은 것이며 혈액검사를 받아 보면 되겠거니 생각했습니다. 아마도 항생제나 다른 약물을 먹으면 좋아질 것이라 여겼습니다. 그런데 담당의는 아무런 검사도 하지 않은 채 그냥 신경 쓰지 않으면 모든 것이 나아질 것이라고만 했습니다.

　그러나 그렇지 않았습니다. 나는 아내에게 화를 내기 시작했는데, 실은 잠을 자는 사람들 모두에게 화가 났습니다. 뭣 때문인지 모르지만 나만 빼고 모두 잘 자는 것 같았습니다. 이전에는 매트리스나 베개 광고에 관심을 둔 적도 없었습니다. 지금 보니 뻐기는 듯 졸고 있는 사람들이 나오는 광고도 참 많아 보였고, 그것들이 자꾸만 내 처지를 떠올리게 했습니다.

　잠자려 눕는 것은 최악이었습니다. 어차피 잠들지 못할 걸 알았기에, 나는 아내와 다투기도 싫고 하여 잠자려 노력하는 것을 그만두었습니다. 아래층으로 내려가 TV를 보면서 잠을 청하는 게 낫겠다고 생각했고, 이것이 그나마 잠 못 자는 것에 대해 스트레스를 덜 받는 방법이었습니다.

　그러나 효과가 없었고 두통은 심해져만 갔습니다. 결국 나는 다시 의사를 찾아갔습니다. 나는 정말 뭔가 심각하게 잘못되었다고 생각했습니다. 벌써 독감 사건 이후 1년이 지났고, 나는 결국 혈액검사와 다른 검사들을 해 달라고 요청했습니다. 직장을 잃을지도 모른다는 두려움이 생겼고 운전하는 것도 불안해졌습니다. 나는 단지 하룻밤 숙면이 필요할 뿐인데 말입니다.

담당의는 이번에는 내 말을 들어 주었습니다. 그녀는 내 상태를 보고, 눈을 들여다봤고, 혈액검사를 했고, 수면에 대한 안내문을 주었습니다. 수면에 좋지 않다고 적힌 내용 중 일부는 이미 나도 알고 있는 것이었습니다. 병원에 다시 방문했을 때, 나는 아내가 진저리를 낼까 두려워서 이제 침실에 들어가지도 못하겠다고 털어놓았습니다. 담당의는 대화치료라는 것을 권유했으며, 나를 도울 수 있는 사람에게 의뢰한다고 하였습니다. 나는 좀 의심스러웠고, 그녀는 금연 자조집단이나 개인 트레이너와 유사한 것이라고 설명해 주었습니다.

몇 주 지난 후 한 선생님의 전화를 받았습니다. 그녀는 아주 단도직입적이었고 사무적인 느낌을 주기도 했습니다. 그녀가 몇 가지 질문을 던졌고, 나는 처음으로 자기가 무슨 얘기를 하고 있는지 제대로 알고 있는 사람과 대화를 하는 것 같았습니다. 상세하고 철저하게 확인해 나가는 것이 정말 안심이 되었습니다. 그녀는 여러 가지 질문을 던졌으며, 작성해야 할 기록지들을 주었습니다. 그녀는 내가 술을 많이 마신다는 것을 이미 알고 있었습니다. 술을 마셔야 잠이 들 수 있다고 설명했지만, 그녀는 알코올이 실제로는 수면을 더 방해한다고 했습니다. 나는 정말 몰랐던 사실이었습니다. 나는 낮 동안의 일들과 기분에 따라 과음하게 된다는 것을 점차 깨닫게 되었습니다. 따라서 당장 술을 그만 마시기로 했고, 그녀는 내 수면일지 기록을 함께 검토한 후 잠들기 전에 불안을 증가시키는 요소들을 하나하나 짚어 주었습니다.

먼저 그녀는 소파에서 자는 것을 금지했습니다. 어디서 자느냐가 별거 아닌 듯해도 가구의 재배치는 필요했습니다. 나는 몇 주 동안 아내와 함께 잠을 자지 못했고, 따라서 다른 방에서 시도해 보기로 했습니다. 상자와 여러 가지 물건을 쌓아 놓은 방이어서 주말을 이용해 그 방을 치워야 했습니다. 그렇게 하고 나서 신기하게도 잠을 좀 잘 잤습니다. 자정 이후에는 TV를 볼 수 없었고, 선생님이 빛과 어둠이 수면에 미치는 영향에 관해 설명해 주었습니다.

이후 몇 주간 그녀는 내가 무슨 일들을 하고 있는지를 제대로 볼 수 있게 해 주었습니다. 효과가 있을 것으로 생각했던 일들이 실은 상황을 더 악화시키고 있었습니다. 가장 크게 도움이 된 것은 잠들 수 있게 도와주는 몇 가지 기법이었습니다. 첫 번째로 도움이 된 것은 내가 체육관에서 하는 것과 비슷한 이완훈련이었습니다. 그리고 누워 있을 때 긴장도가 올라가지 않도록 돕는 기법들도 있었습니다. 나는 운동도 다시 시작했습니다. 운동이 수면에 아주 큰 영향을 주는 것 같지는 않았지만, 친구들을 다시 만나니 좋았고 낮 동안의 긴장도 풀리는 효과가 있었습니다.

수면일지를 쓰는 것은 정말 큰 효과가 있었습니다. 뭔가 제대로 되지 않거나 밤에 잠을 자지 못했다는 생각이 들면, 나는 다시 선생님과 함께 수면일지를 검토했습니다. 선생님은 또한 아내뿐 아니라 내 친구들 역시 가끔 잠을 잘 이루지 못하는 날이 있다는 점을 상기시켜 주었습니다. 몇 달이 지난 후 나는 훨씬 더 빨리 잠들 수 있었고, 그러지 못할 때도 더는 그로 인해 불안해하지 않았습니다. 술은 예전처럼 주말에만 마셨고, 사장님에게는 신경을 덜 썼습니다. 이제 다시 침실에서 아내와 함께 잠을 자기 시작했는데 정말 좋았습니다. 내가 잠이 들지 못할 땐 언제든지 다른 방으로 갈 수 있는 것으로 의논하여 정했지만 실제로는 그럴 일이 거의 없었습니다. 이제 선생님의 도움을 받지 않기로 했지만, 그녀는 언제든지 필요하면 연락하라고 했습니다. 다행히 아직까지는 그럴 일이 없었습니다.

부록

수면일지

시작 날짜: _____

시작 주: _____

지침

- 수면일지를 침대 근처에 두세요.
- 밤이 아니라 아침에 깬 후 작성하세요.
- 다음의 작성 요령을 참고하세요.

활동 내용을 약자로 기록하세요
술 – 매회 음주 행동
카 – 매회 커피, 차, 코코아, 콜라 등을 포함한 카페인 음료 섭취
약 – 매회 수면제 복용
식 – 식사
간 – 간식
운 – 운동
화 – 수면시간 중 화장실 이용
소 – 수면을 방해하는 소음
알 – 기상 알람 설정시간(알람 이용 시에 한함)

수면시간(낮잠 포함)
↓ – 침상에 들 때마다 '아래쪽' 화살 표시
↑ – 침상을 벗어날 때마다 '위쪽' 화살 표시
│ – 잠이 든 시간과 깬 시간에 선을 그은 후 두 시간 사이를 연결하여 수면 기간을 표시
│ – 낮잠이 든 시간과 깬 시간(의자와 침상에서의 낮잠 모두 포함)에 선을 그은 후 두 시간 사이를 연결하여 낮잠 기간을 표시

예시

	저녁						밤/아침												오후					
	6	7	8	9	10	11	12	1	2	3	4	5	6	7	8	9	10	11	12	1	2	3	4	5	6
활동	술	술	술		간						화				알	간			식		간		식		
수면시간							↓	├──┤			↑	↓	├──┤		↑										

소등시간 밤 <u>12시 30분</u>   총 수면시간 <u>6시간</u>

1주 차

소등시간 밤/아침 _____   총 수면시간 _____

소등시간 밤/아침 _____   총 수면시간 _____

소등시간 밤/아침 _____   총 수면시간 _____

소등시간 밤/아침 _____   총 수면시간 _____

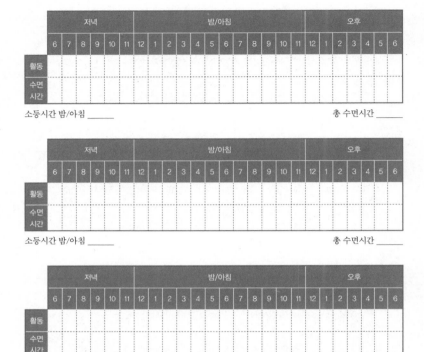

소등시간 밤/아침 _____   총 수면시간 _____

2주 차

소등시간 밤/아침 _____   총 수면시간 _____

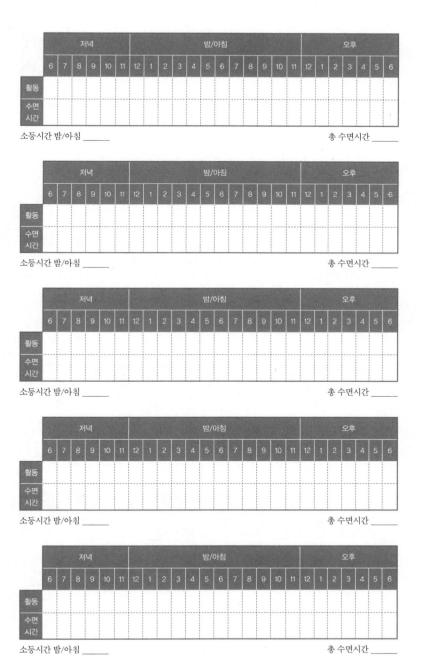

	저녁						밤/아침												오후					
	6	7	8	9	10	11	12	1	2	3	4	5	6	7	8	9	10	11	12	1	2	3	4	5	6
활동																									
수면시간																									

소등시간 밤/아침 _____   총 수면시간 _____

	저녁						밤/아침												오후					
	6	7	8	9	10	11	12	1	2	3	4	5	6	7	8	9	10	11	12	1	2	3	4	5	6
활동																									
수면시간																									

소등시간 밤/아침 _____   총 수면시간 _____

	저녁						밤/아침												오후					
	6	7	8	9	10	11	12	1	2	3	4	5	6	7	8	9	10	11	12	1	2	3	4	5	6
활동																									
수면시간																									

소등시간 밤/아침 _____   총 수면시간 _____

	저녁						밤/아침												오후					
	6	7	8	9	10	11	12	1	2	3	4	5	6	7	8	9	10	11	12	1	2	3	4	5	6
활동																									
수면시간																									

소등시간 밤/아침 _____   총 수면시간 _____

	저녁						밤/아침												오후					
	6	7	8	9	10	11	12	1	2	3	4	5	6	7	8	9	10	11	12	1	2	3	4	5	6
활동																									
수면시간																									

소등시간 밤/아침 _____   총 수면시간 _____

		저녁						밤/아침												오후					
	6	7	8	9	10	11	12	1	2	3	4	5	6	7	8	9	10	11	12	1	2	3	4	5	6
활동																									
수면 시간																									

소등시간 밤/아침 _____   총 수면시간 _____

3주 차

소등시간 밤/아침 _____   총 수면시간 _____

소등시간 밤/아침 _____   총 수면시간 _____

소등시간 밤/아침 _____   총 수면시간 _____

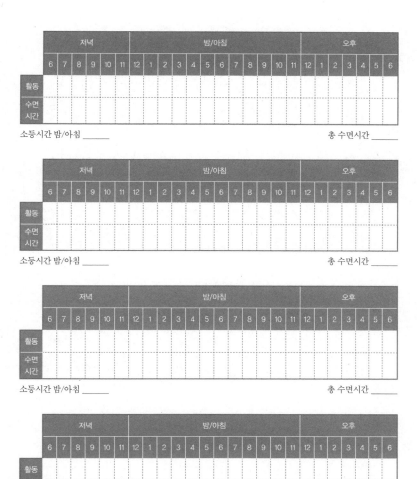

	저녁						밤/아침												오후					
	6	7	8	9	10	11	12	1	2	3	4	5	6	7	8	9	10	11	12	1	2	3	4	5	6
활동																									
수면 시간																									

소등시간 밤/아침 _____　　　　　　　　　　　　　　　　　총 수면시간 _____

	저녁						밤/아침												오후					
	6	7	8	9	10	11	12	1	2	3	4	5	6	7	8	9	10	11	12	1	2	3	4	5	6
활동																									
수면 시간																									

소등시간 밤/아침 _____　　　　　　　　　　　　　　　　　총 수면시간 _____

	저녁						밤/아침												오후					
	6	7	8	9	10	11	12	1	2	3	4	5	6	7	8	9	10	11	12	1	2	3	4	5	6
활동																									
수면 시간																									

소등시간 밤/아침 _____　　　　　　　　　　　　　　　　　총 수면시간 _____

	저녁						밤/아침												오후					
	6	7	8	9	10	11	12	1	2	3	4	5	6	7	8	9	10	11	12	1	2	3	4	5	6
활동																									
수면 시간																									

소등시간 밤/아침 _____　　　　　　　　　　　　　　　　　총 수면시간 _____

4주 차

	저녁						밤/아침												오후						
	6	7	8	9	10	11	12	1	2	3	4	5	6	7	8	9	10	11	12	1	2	3	4	5	6
활동																									
수면 시간																									

소등시간 밤/아침 _____　　　　　　　　　　　　　　　　　　총 수면시간 _____

	저녁						밤/아침												오후						
	6	7	8	9	10	11	12	1	2	3	4	5	6	7	8	9	10	11	12	1	2	3	4	5	6
활동																									
수면 시간																									

소등시간 밤/아침 _____　　　　　　　　　　　　　　　　　　총 수면시간 _____

	저녁						밤/아침												오후						
	6	7	8	9	10	11	12	1	2	3	4	5	6	7	8	9	10	11	12	1	2	3	4	5	6
활동																									
수면 시간																									

소등시간 밤/아침 _____　　　　　　　　　　　　　　　　　　총 수면시간 _____

	저녁						밤/아침												오후						
	6	7	8	9	10	11	12	1	2	3	4	5	6	7	8	9	10	11	12	1	2	3	4	5	6
활동																									
수면 시간																									

소등시간 밤/아침 _____　　　　　　　　　　　　　　　　　　총 수면시간 _____

	저녁						밤/아침												오후						
	6	7	8	9	10	11	12	1	2	3	4	5	6	7	8	9	10	11	12	1	2	3	4	5	6
활동																									
수면시간																									

소등시간 밤/아침 _____　　　　　　　　　　　　　　　　총 수면시간 _____

	저녁						밤/아침												오후						
	6	7	8	9	10	11	12	1	2	3	4	5	6	7	8	9	10	11	12	1	2	3	4	5	6
활동																									
수면시간																									

소등시간 밤/아침 _____　　　　　　　　　　　　　　　　총 수면시간 _____

	저녁						밤/아침												오후						
	6	7	8	9	10	11	12	1	2	3	4	5	6	7	8	9	10	11	12	1	2	3	4	5	6
활동																									
수면시간																									

소등시간 밤/아침 _____　　　　　　　　　　　　　　　　총 수면시간 _____

5주 차

	저녁						밤/아침												오후						
	6	7	8	9	10	11	12	1	2	3	4	5	6	7	8	9	10	11	12	1	2	3	4	5	6
활동																									
수면시간																									

소등시간 밤/아침 _____　　　　　　　　　　　　　　　　총 수면시간 _____

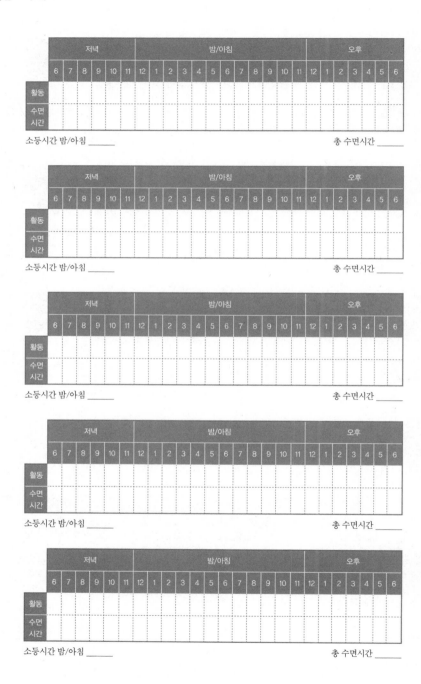

소등시간 밤/아침 _____   총 수면시간 _____

소등시간 밤/아침 _____   총 수면시간 _____

소등시간 밤/아침 _____   총 수면시간 _____

소등시간 밤/아침 _____   총 수면시간 _____

소등시간 밤/아침 _____   총 수면시간 _____

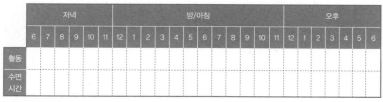

소등시간 밤/아침 _____   총 수면시간 _____

6주 차

소등시간 밤/아침 _____   총 수면시간 _____

소등시간 밤/아침 _____   총 수면시간 _____

소등시간 밤/아침 _____   총 수면시간 _____

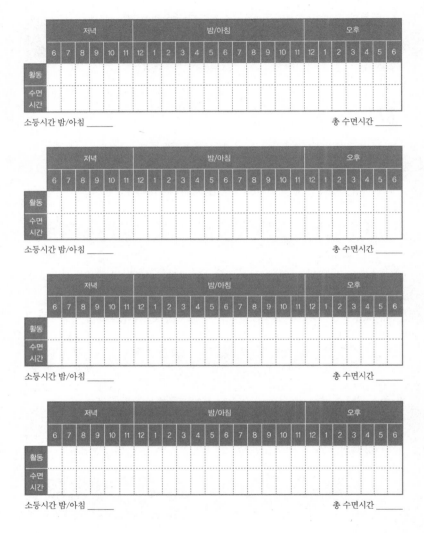

	저녁						밤/아침												오후					
	6	7	8	9	10	11	12	1	2	3	4	5	6	7	8	9	10	11	12	1	2	3	4	5	6
활동																								
수면 시간																								

소등시간 밤/아침 _____   총 수면시간 _____

	저녁						밤/아침												오후					
	6	7	8	9	10	11	12	1	2	3	4	5	6	7	8	9	10	11	12	1	2	3	4	5	6
활동																								
수면 시간																								

소등시간 밤/아침 _____   총 수면시간 _____

	저녁						밤/아침												오후					
	6	7	8	9	10	11	12	1	2	3	4	5	6	7	8	9	10	11	12	1	2	3	4	5	6
활동																								
수면 시간																								

소등시간 밤/아침 _____   총 수면시간 _____

	저녁						밤/아침												오후					
	6	7	8	9	10	11	12	1	2	3	4	5	6	7	8	9	10	11	12	1	2	3	4	5	6
활동																								
수면 시간																								

소등시간 밤/아침 _____   총 수면시간 _____

점진적 근육이완법

　각 근육군을 너무 무리하지는 말고 차례로 긴장시켰다가, 일시에 긴장을 풀고 그 이완된 감각을 느끼면 됩니다. 각 근육군에 5초 정도 긴장을 줍니다. 만일 어떤 근육군에서 통증이나 불편감이 느껴지면 그 근육군은 건너뛰어도 좋습니다. 이 연습을 하는 동안 근육의 긴장과 근긴장을 풀 때 찾아오는 이완의 느낌을 심상화해 보세요. 이 연습 동안 호흡은 원래대로 유지하는 것이 중요합니다. 그럼 시작해 보겠습니다.

- 방해받지 않는 장소에서 앉거나 눕는 등 편한 자세를 취하세요.
- 오직 당신의 몸에만 주의를 집중하세요. 마음이 산만해지는 것이 느껴지면 다시 지금 작업하려는 근육군으로 주의를 되돌려 오세요.
- 복식호흡으로 숨을 길게 들이마시고, 몇 초간 숨을 참았다가 천천히 내뱉으세요. 숨을 들이마시면서 배가 솟아오르고 폐가 공기로 채워지는 것을 느껴 보세요. 숨을 내뱉으면서 몸 안의 긴장이 해소되고 몸 밖으로 빠져나가는 이미지를 그려 보세요. 숨을 들이쉬고 내쉬기를 계속하세요. 몸이 이완되는 것을 느끼세요. 이 과정을 하면서 호흡은 계속 유지하세요.
- 자, 이제 근육군 하나씩 시작해 봅시다. 눈썹을 위로 있는 힘껏 치켜 올리면서 앞이마 근육을 긴장시켜 보세요. 5초간 유지해 주세요. 그리고 일순간 힘을 빼면서 긴장이 사라지는 것

을 느껴 보세요.

- 10초간 쉽니다.
- 이번에는 웃는 표정을 지으며 입과 볼 주위 근육을 긴장시켜 보세요. 5초간 유지하시고 힘을 빼세요. 얼굴이 부드러워지는 것을 느껴 보세요. 다시 10초간 쉽니다.
- 이번에는 눈꺼풀을 세게 감으며 쥐어짜듯이 눈근육을 강하게 수축시키세요. 5초간 유지한 후 힘을 빼세요. 다시 10초간 쉽니다.
- 천장을 보듯이 목을 뒤로 부드럽게 젖혀 보세요. 5초간 유지한 후 힘을 빼면서 긴장이 사라지는 것을 느껴 보세요. 다시 10초간 쉽니다. 다음으로 목을 아래로 내려뜨리면서 머리의 무게를 느껴 보세요. 숨을 들이쉬고 내쉬기를 충분히 반복하세요. 모든 스트레스를 내보내면서 숨을 들이쉬고 내쉬세요.
- 이번에는 너무 무리하지는 말고 두 주먹을 꽉 쥐면서 긴장시키고, 5초간 이 자세를 유지한 후 힘을 빼세요. 다시 10초간 쉽니다.
- 이번에는 이두근 차례입니다. 힘을 줄 때의 긴장을 느껴 보세요. 근육이 긴장되는 것을 마음에 그려 볼 수도 있습니다. 5초간 유지한 후 힘을 빼면서 팔뚝이 느슨해지는 것을 느껴 보세요. 숨을 계속 들이쉬고 내쉬세요.
- 이번에는 삼두근 차례입니다. 팔꿈치를 굽히지 말고 팔을 쭉 펴세요. 5초간 유지한 후 힘을 빼세요. 다시 10초간 쉽니다.
- 이번에는 어깨가 귀에 닿는다는 느낌으로 어깨를 움츠려 보세요. 5초간 유지한 후 재빨리 힘을 빼세요. 다시 10초간 쉽니다.

- 이번에는 어깨 날갯죽지가 서로 닿을 것처럼 어깨를 뒤로 젖히면서 등을 펴세요. 5초간 유지한 후 힘을 빼세요. 다시 10초간 쉽니다.

- 숨을 충분히 들이쉬면서 가슴을 팽창시키고, 5초간 유지한 후 숨을 내뱉으면서 긴장이 빠져 나가는 것을 느껴 보세요.

- 이번에는 공기를 흡입하면서 배에 있는 근육을 긴장시켜 보세요. 5초간 유지한 후 힘을 빼세요. 10초간 쉽니다.

- 이번에는 부드럽게 허리 부위를 활모양으로 만들어 보세요. 5초간 유지한 후 힘을 빼세요. 10초간 쉽니다.

- 이제 상반신에서 긴장과 스트레스가 빠져나가 나긋나긋해진 것을 충분히 느껴 보세요. 5초간 유지한 후 힘을 빼세요.

- 엉덩이를 긴장시킵니다. 5초간 유지한 후 힘을 빼시고, 엉덩이가 풀어지는 것을 마음속에 그려 보세요. 10초간 쉽니다.

- 무릎을 모으면서 넓적다리를 긴장시킵니다. 5초간 유지한 후 힘을 뺍니다. 10초간 쉽니다.

- 이번에는 발에 힘을 주며, 발가락을 몸 쪽으로 당기면서 종아리의 긴장을 느껴 봅니다. 5초간 유지한 후 힘을 뺍니다. 다리가 풀리는 것을 느껴 봅니다. 10초간 쉽니다.

- 발을 긴장시키면서 발가락을 아래쪽으로 구부립니다. 5초간 유지한 후 힘을 뺍니다. 10초간 쉽니다.

- 이제 이완의 물결이 천천히 머리에서부터 발끝까지 온몸으로 퍼져 가는 것을 마음속에 그려 봅니다. 완전히 늘어진 몸의 무게감을 느껴 봅니다. 숨을 들이쉬고 내쉬기를 반복합니다.

- 만일 지시문을 담은 음성파일을 원한다면, 영국 노섬브리아 타

인위어주 국립건강서비스에서 샘플파일을 찾을 수 있습니다.

www.cntw.nhs.uk/content/uploads/2017/06/F_06_Progressive-Muscle-Relaxation.mp3

폐쇄성수면무호흡증에 대한 추가 정보

영국폐질환재단 웹사이트에서 폐쇄성수면무호흡증(OSA)에 대한 정보를 더 찾을 수 있으며, 진단, 검사 및 치료에 대한 정보를 담고 있습니다. www.blf.org.uk/support-for-you/osa

엡워스 졸음척도

이 척도는 8문항으로 구성된 자기보고식 척도이며,[1] 낮 동안에 얼마나 졸리는지를 체크하도록 되어 있습니다. 엡워스(Epworth) 척도는 영국폐질환재단 웹사이트에서 찾을 수 있으며, 피로감이 아니라 지난 한 달 동안 얼마나 많이 졸리거나 실제로 졸았는지를 측정합니다. 대부분의 사람은 낮 동안 잠깐씩 졸기도 하며, 성인의 정상 범위 점수는 4~10점 사이입니다. 잠드는 것이 어렵고 불면증

---

1) 역자 주: 여덟 가지 상황(독서, TV 시청, 운전 등)에서 깜빡 졸 가능성을 측정한다. 각 상황당 '전혀 아니다'(0점)에서 '매우 많이'(3점)까지의 리커트 방식으로 측정한다. 총 합산점수가 10점 이상일 경우 과도한 주간졸림증, 15점 이상인 경우 병적인 주간졸림증이 의심된다.

이 있는 사람들은 흔히 정상 범위보다 낮은 점수를 얻습니다. 기타 수면장애에서는 10점 이상의 점수가 흔히 나타납니다.

영국 국민건강서비스는 수면 및 불면증에 대한 정보뿐만 아니라 기타 수면장애에 대한 정보도 풍부하게 제공하며, 이는 다음 사이트에서 찾을 수 있습니다. www.nhs.uk/conditions/insomnia

운동에 대한 추가 정보

만일 당신이 한동안 운동을 한 적이 없다면, 운동의 유형에 대해 좀 더 공부해 보기 바라며, 특히 고강도 운동, 중강도 운동이란 의미를 이해하시기 바랍니다. 여러 유형의 활동에 대한 정보를 담은 유용한 링크가 있습니다.

당신이 운동을 한다면 어떤 유형의 운동을 하든 관계없으나, 만약에 어떤 의학적 상태로 인해 특정 운동은 꺼린다면 담당의와 상의하고 확인하십시오.

https://www.nhs.uk/live-well/exercise/

https://www.nhs.uk/live-well/exercise/walking-for-health/

찾아보기

저자 소개

Kirstie Anderson

    뉴캐슬 대학교 의과대학(Newcastle university medical school)을 우등 졸업한 후 옥스퍼드 대학교, 케임브리지 대학교, 퀸즈스퀘어병원 등 신경과에서 수련하였다. 현재 뉴캐슬 대학교 신경과학 연구소와 뉴캐슬 지역 수면 센터에서 컨설턴트 신경과 전문의 및 명예부교수로 재직 중이며, 불면증 인지행동치료 분야의 연구와 수련에서 탁월함을 인정받고 있다. 슬립스테이션(sleepstation.org.uk: 불면증 인지행동치료 온라인 프로그램)의 공동설립자이며 온라인 치료진으로 참여 중이다. 불면증을 포함한 다양한 수면장애에 대해 연구하여 「Insomnia and cognitive behavioural therapy-how to assess your patient and why it should be a standard part of care」(2018) 등 수십 편의 논문을 발표하였다.

역자 소개

김 환(Kim Hwan)

2003년 서울아산병원 정신과에서 임상심리 수련을 마쳤고, 2010년 서울대학교 심리학과에서 임상심리학 전공으로 박사학위를 받았다. 서울임상심리연구소장을 역임하였으며, 현재 서울사이버대학교 상담심리학과 교수 및 대학원장을 맡고 있다. 임상심리전문가(한국임상심리학회), 정신건강임상심리사 1급(보건복지부), 상담심리사 1급(한국상담심리학회), 청소년상담사 1급(여성가족부) 등 다수 자격을 보유하고 있다. 심리적으로 도움이 필요한 사람들을 위해 심리상담과 심리검사를 제공하고 있고, 『상담면접의 기초』 (공저, 학지사, 2006), 『외상후 스트레스 장애』(학지사, 2016) 등 다수 저서를 집필하였다.

최혜라(Choi Hyera)

서울대학교 심리학과에서 임상심리학 전공으로 박사과정을 수료하였고, 서울대학교병원 신경정신과에서 임상심리 수련을 마쳤다. 백상신경정신과 임상심리전문가, 서울아산병원 정신과 임상심리 수련감독을 역임하였고, 현재는 서울사이버대학교 상담심리학과 교수로 재직 중이다. 임상심리전문가(한국임상심리학회), 정신건강임상심리사 1급(보건복지부) 자격을 보유하고 있다. 『인터넷 기반 인지행동치료』(공역, 학지사, 2020), 『정신건강분야에서 인터넷 기반 인지행동치료의 활용』(공역, 학지사, 2020) 등의 역서가 있으며 인터넷을 활용한 심리상담 및 정신건강 관리에 노력을 기울이고 있다.

한수미(Han Sumi)

    2007년 미국 네바다 주립대학교에서 상담심리학 전공으로 박사학위를 받았고, 연세유앤김 정신건강의학과 전문상담원, 서울가정법원 전문상담원, 사랑의전화복지재단 상담교수, SBS 청소년상담실 상담원을 역임하였다. 현재는 서울사이버대학교 상담심리학과 교수로 재직 중이다. 온라인상에서 클라이언트를 만나는 사이버상담 분야에 관심을 기울이고 있고, 한국형 온라인 공개강좌(K-MOOC) 서비스에서는 〈마음을 성장시키는 상담자 대화법〉, 〈사이버상담 개론〉 등 인기강좌의 책임교수로 참여하였다. 가족상담사 수련감독자(한국가족상담협회) 자격을 보유하고 있다.

인지행동치료를 활용한
불면증 극복하기
How to Beat Insomnia and Sleep Problems One Step at A Time:
Using Evidence-Based Low-Intensity CBT

2021년 12월 20일 1판 1쇄 인쇄
2021년 12월 30일 1판 1쇄 발행

지은이 • Kirstie Anderson
옮긴이 • 김환 · 최혜라 · 한수미
펴낸이 • 김진환
펴낸곳 • ㈜ **학지사**

04031 서울특별시 마포구 양화로 15길 20 마인드월드빌딩
대표전화 • 02-330-5114   팩스 • 02-324-2345
등록번호 • 제313-2006-000265호

홈페이지 • http://www.hakjisa.co.kr
페이스북 • https://www.facebook.com/hakjisa

ISBN 978-89-997-2559-3 93180

정가 13,000원

출판 · 교육 · 미디어기업 **학지사**

간호보건의학출판 **학지사메디컬** www.hakjisamd.co.kr
심리검사연구소 **인싸이트** www.inpsyt.co.kr
학술논문서비스 **뉴논문** www.newnonmun.com
교육연수원 **카운피아** www.counpia.com